求索外语｜学术研究系列

视听翻译
理论与实践探索

刘大燕 ▶ 著

重庆大学出版社

图书在版编目(CIP)数据

视听翻译理论与实践探索 / 刘大燕著. -- 重庆:
重庆大学出版社, 2025. 8. -- (求索外语学术研究系列).
-- ISBN 978-7-5689-5213-2

Ⅰ. H059

中国国家版本馆 CIP 数据核字第 2025CU6172 号

视听翻译理论与实践探索

刘大燕 著

责任编辑:牟 妮　　版式设计:牟 妮
责任校对:关德强　　责任印制:赵 晟

*

重庆大学出版社出版发行
社址:重庆市沙坪坝区大学城西路 21 号
邮编:401331
电话:(023)88617190　88617185(中小学)
传真:(023)88617186　88617166
网址:http://www.cqup.com.cn
邮箱:fxk@cqup.com.cn(营销中心)
全国新华书店经销
重庆正文印务有限公司印刷

*

开本:720 mm×1020 mm　1/16　印张:15　字数:218 千
2025 年 8 月第 1 版　　2025 年 8 月第 1 次印刷
ISBN 978-7-5689-5213-2　定价:60.00 元

前　言

时至今日，翻译研究已经从传统书面翻译和文学翻译拓展到了视听翻译领域(Audiovisual Translation，AVT)。美国语言学家、翻译家、翻译理论家 Eugene A. Nida 早在其著作《翻译科学探索》(*Toward a Science of Translating*)中就指出，有些人认为视听翻译从其早期形式——电影翻译开始就是边缘学科，所以不重要，他对此观点并不赞同。Nida 认为在语际交际中，如果就影响力而言，电影翻译已经超过了书籍翻译，而且出色的电影翻译对于电影业至关重要，至少四分之三的观众对外国电影的接受程度取决于恰当的电影翻译(Nida，1964/2004：178)。早在二十多年前，我国著名影视翻译家钱绍昌教授就曾预言影视翻译将在国内蓬勃发展，指出"如今译制片受众(观众)的数量远远超过翻译文学作品受众(读者)的数量，影视翻译对社会的影响也决不在文学翻译之下"(钱绍昌，2000：61)。

翻译研究在20世纪90年代初才成为独树一帜的学科，而视听翻译则是翻译研究中获得最大发展动力的分支，在90年代末才赢得独立学科的地位，自此在学界的影响力与日俱增。在生活中视听材料无处不在，视听媒体日新月异，视听翻译活动兴旺发达，视听翻译更是供不应求。然而，视听翻译研究的步伐并没有紧跟该领域兴盛之态势。英国翻译理论家 Susan Bassnett 在二十多年前曾在《翻译研究》(*Translation Studies*)一书的结语中不无遗憾地提到对视听翻译的忽视："在撰写本书结尾时，我意识到本书尚未探讨的广阔领域……完全未涉足的问题包括：观众将注意力放在演员的嘴唇动作上，因而翻译过程也涉及运动—视觉要素的电影文本的翻译问题，以及阅读速度、释义和概要皆为组成部分的字幕翻译问题"(Bassnett，2002：136)。

视听翻译在国内多被称为"影视翻译"，而且几乎仅聚焦于影视翻译，其主要研究方向如下:(1)梳理国内外影视翻译的研究状况(杨子玥、傅悦,2024);(2)总结影视翻译的语言特点、翻译原则或技巧(江雨薇、张顺生,2024);(3)研究翻译理论或其他理论在影视翻译中的运用,例如功能翻译理论、关联理论或目的论等(刘佳、李瑞雪,2023);(4)从特定视角研究影视翻译,例如从文化视角出发,讨论中西文化差异和文化意向等的处理方法(武建国、李育静,2024;杨仕章、薛茜文,2023);(5)对具体影视作品的个案分析(岑艳琳,2020);(6)对影视译制人员(字幕译者、配音演员、译制导演等)及其作品的评述或职业介绍(马建丽、徐轶瑛,2011)。当然,除以上主要研究方向外还有其他研究角度,均着眼于影视作品的翻译。

总的来说,国内影视翻译研究一直举步维艰,在国内学术界长期居于传统书面翻译或文学翻译之下,未被视为独立的、严肃的学术研究领域;专门研究视听翻译的著述甚为寥寥,也乏善可陈。与之相比,西方的视听翻译研究如火如荼,构建了比较完备的理论体系,出版了大量专著,创建了该领域专属的国际知名学术刊物《视听翻译》(*Journal of Audiovisual Translation*, JAT)(2018)*,许多高等院校也设置了完整的课程体系。此外,国内的影视翻译大多研究配音和字幕翻译这两种影视翻译模式,而西方的视听翻译研究所辖范围更广,涵盖了媒体中诸多语言转换类型,多达三十余种视听翻译模式,不少模式在国内几乎未有涉猎。近年来,国外视听翻译研究的重点包括放在无障碍传播(例如听障者字幕翻译和影像描述)、电子游戏和软件等的本地化、基于互联网的模式(例如网络字幕翻译和配音、字幕组和配音组、众包模式)等层出不穷的新模式上。

中西视听翻译研究各有优势:国内影视翻译研究扎根影视作品的译例,材料丰富、特色鲜明;西方视听翻译研究范围广阔、模式多样、研究深入、理论系统。本书拟各取所长,采用西方视听翻译研究的理论,结合国内影视翻译研究的特色,利用包含影视作品在内的视听材料和英汉译例,从更广泛多样、系统全面、理论深入的层面研究视听翻译,做国内影视翻译研究的引玉之砖,努力推动国内视听翻译研究更进一步。

本书从视听翻译概念与理论、视听翻译模式、视听翻译者、视听翻译技巧四个方面研究视听翻译。

第一章探讨视听翻译的基本概念和理论方法。首先从该专业领域的名称入手,在第一节“从电影翻译到视听翻译”(1.1),作者梳理和比较了接近20个名称,从比较常见和普及的“电影翻译”“影视翻译”“屏幕翻译”“多媒体翻译”到“视听翻译”,还分析了一些强调语言转换限制和改编性质的不太常见的名称,展示了该领域的发展演变过程,说明了视听翻译的范畴、实质和特征。

视听翻译为翻译研究带来了一系列术语的革新,其中最重要的概念之一即“文本”的概念。在第二节“视听翻译的文本概念”(1.2),“文本”在视听翻译中被重新解读,从Reiss的听觉媒介型和多媒介型文本到Snell-Hornby的四大文本类型,再到普遍接受的视听文本和多媒体文本,该部分揭示了这些新文本概念的特征和相互关联,展现了视听翻译领域术语革新的巨大潜力。

第三节“改编与视听翻译”(1.3)讨论了视听翻译的性质。改编是最自由的翻译形式,处于翻译的边缘;而视听翻译跨越了书面文本和语言符号的界限,本质是改编。改编主要表现为视听翻译的步骤和技巧,应用于一些主要的视听翻译模式中。

第二章研究视听翻译的模式。第一节“视听翻译模式类型”(2.1)分析了视听翻译模式与视听材料的匹配关系,概括了视听翻译模式的主要类别体系和多达32种模式的特点;第二节“电影翻译模式选择策略”(2.2)讨论如何选取恰当的视听翻译模式,特别分析了选择字幕翻译与配音这两种主要电影翻译模式的影响因素,包括经济与政治因素、文化价值观、技术水平、习惯影响等,指出各因素共同作用的复杂性和模式选择的不定性与变数。

第三节“字幕翻译类型与分类标准”(2.3)和第四节“失聪观众与视听翻译需求”(2.4)分别关注字幕翻译和听障者字幕翻译两种具体的模式。前者提出语言、技术、受众和专业性四个分类标准,由此划分出特定字幕翻译类型,例如语内和语际字幕、内嵌式和外挂型字幕、为普通观众和为特殊观众制作的字幕、专业和业余字幕翻译等。后者揭示了听障者字幕翻译所服务的观众并非整齐划一的群体，研究了失聪及听障观众的主要类型和各类型的特征、语言能力、对视听翻译的需求与期待，并据此对听障者字幕翻译提出了更多区别化的要求，有助于向以受众为导向的视听翻译发展。

本章第五节“视听翻译模式的渠道转换与糅合”(2.5)探讨了视听翻译模式发生的听觉与视觉、口语与书面语等渠道转换，指出视听翻译模式未来的一个发展方向，即模式的糅合，剖析了发生模式糅合的原因与具体的模式糅合案例。

第三章研究从事视听翻译的人员。第一节“视听翻译者职业概述”(3.1)与第二节“视听翻译者的‘隐身’”(3.2)均着眼于整个视听翻译行业，概括各种视听翻译模式的译者及其职业状况与社会认可度。前者揭示视听翻译者在入行难度、招聘系统、聘用方式等方面的特点以及该职业的四大不利之处，后者指出视听翻译者在版权和版税、影视节目署名致谢方面未能得到足够的重视和保障，探讨了提升行业地位等改变此状况的措施，借此为有志从事视听翻译工作的译者提供指导，使之能与影视作品的主创人员、文学作品的译者等翻译人员比肩而立。

第三节“字幕译者的定位与分工模式”(3.3)与第四节“配音译者的‘名’与‘实’”(3.4)聚焦于两种最常见的视听翻译模式的译者，即字幕译者与配音译者，分别剖析了二者的工作模式及其分工区别、利与弊、在技术与语言等方面的技能要求，审视了二者在职能与称谓方面的种种争议，探讨译者在视听翻译领域的合适定位，并揭示了业界在分工与协作方面的动态发展趋势。

第四章关注视听翻译的技巧。第一节“视听翻译策略选择标准”(4.1)梳理了视听翻译的适用翻译策略，并说明如何根据视听翻译模式、目标观众和源语文化、传播媒介等不同标准选取相应的翻译策略。第二节“字幕翻译本地化语言特色”(4.2)讨论字幕翻译这种具体模式的翻译原则与技巧。第三节“《阿凡达》片名翻译的异质性”(4.3)和第四节“电影译名中的‘功能对等’”(4.4)，以诸多影视作品为例，讨论如何应用相关翻译理论与方法，例如功能对等、异化或归化理论和方法。

本书探索了视听翻译的概念与理论、模式、译者、翻译技巧这四个方面，而视听翻译作为一个广阔的领域，还有许多本书未曾涉及的研究方向和未来发展的新方向，例如以下一些研究角度：(1)视听翻译领域的科技进步和媒体革新，包括层出不穷的视频点播平台和流媒体平台、互联网电视、移动通信设备等，对视听翻译产生了重大影响；(2)更多新的视听翻译模式和用户自制材料的涌现，改变了视听环境和视听翻译实践；(3)视听翻译与翻译理论的相互作用，以及其他学科的理论、概念、方法在视听翻译中的应用；(4)视听翻译与语言学习和翻译培训的关系等众多主题都有待深入研究。

值得一提的是，国产电子游戏《黑神话：悟空》(*Black Myth*: *Wukong*, 2024)风靡全球，在作为视听翻译模式之一的游戏本地化翻译中，要把该游戏具有中国传统文化特色的词语译为英文时，翻译就直接采用了拼音，例如"悟空"(Wukong)、"如意金箍棒"(Jin Gu Bang)、"妖怪"(Yaoguai)、"黑熊精"(Black Bear Guai)等。这是一次强有力的文化输出，让包括作为该游戏背景的中国古典名著《西游记》在内的中国优秀传统文化走向世界。与此同时，从文化和传播学角度研究视听翻译的国际文化传播也是目前一个非常重要的研究方向。一言以蔽之，视听翻译研究和实践皆大有可为，借用 Bogucki 与 Díaz-Cintas(2020: 16)的话，"之前视听翻译从未在我们的各种屏幕上显得如此重要和瞩目"。

注释：

*《视听翻译》(*Journal of Audiovisual Translation*, JAT)，世界首份专门研究视听翻译的国际期刊，创刊号于2018年11月正式出版。该领域著名学者如Gambier Yves, Elisa Perego, Frederic Chaume等纷纷为期刊撰文，该刊物的创刊是视听翻译研究的一大里程碑。

刘大燕

2025年2月

目　录

第一章　视听翻译概念与理论

1.1 从电影翻译到视听翻译

一、概述

包括影视翻译在内的视听翻译研究(Audiovisual Translation，AVT)自1995年成为独立的研究领域，得到广泛认可，目前正在西方译界蓬勃发展。一直以来，对于这一领域的描述——无论是其范畴、材料类型还是目标观众、模式、格式等，无不困难重重，凸显了视听翻译的复杂性。同很多新兴研究一样，视听翻译研究也面临术语统一的问题，首当其冲的便是该研究领域的名称如何确定。自该领域成为独立的学科和研究领域，历经30~40年时间，但其名称仍然未达成一致，使用过的称呼从“电影翻译”到“视听翻译”接近二十个，可谓五花八门，令人眼花缭乱(见表1)。

表1 视听翻译的名称

中文名称	英文名称
(1) 电影翻译	film translation; film translating; cinema translation; translating for the cinema; motion picture translating; cinematographic translation
(2) 电影对白翻译	film dialogue translation
(3) 电影配音	film dubbing
(4) 电影交流	film communication
(5) 影视翻译	film and TV translation
(6) 屏幕翻译(或荧屏翻译)	screen translation
(7) 媒体翻译	media translation
(8) 多媒体翻译	multimedia translation; (multi)media translation
(9) 视听翻译	audiovisual translation

续表

中文名称	英文名称
(10) 语言转换	language transfer
(11) 多模态翻译	multimodal translation
(12) 多维翻译	multidimensional translation
(13) 受限的翻译(或从属翻译)	constrained translation; *Traducción subordinada*
(14) 创译	transcreation
(15) 编译	transadaptation
(16) 跨媒体叙事	transmedia narrative or storytelling; crossmedia seriality; multiplatform storytelling
(17) 版本制作	(audiovisual) versioning
(18) 媒体改编	(media) adaptation

造成称呼不统一的原因不是单一的,首先是因为视听翻译突破了严格意义上或传统意义上的书面翻译,增加了该领域的复杂性和不确定性。就复杂性而言,简单来说,其源文本并不是普通的书面文本,而是由听觉渠道(如广播)、听觉与视觉渠道(如屏幕)或者书面文本、听觉与视觉渠道(如多媒体)构成,因此需要一个通称能包含如此构成的多种多样的翻译模式(Orero, 2004)。对某个学科有如此多种多样的称呼,往往表明在描述其范畴、特征,以及主题方面不确定。Orero(2004, vii)在查阅《(多)媒体翻译》(*<Multi> Media Translation*, 2001)一书时,对该领域和所用名称提出了如下问题:(多)媒体翻译究竟是个新的研究领域呢,还是各学科都适用的一个包罗万象的框架?或者它是否仅仅是个令人迷惑的时髦词语而已?鉴于此名称的不确定,Orero当时就意识到,要把视听翻译置于与翻译研究其他领域同等的地位,道阻且长,致使该领域一直蹒跚而前。此外,翻译本身的性质也在不断变化,要随其变化与时俱进往往并非易事,以上均造成视听翻译领域的术语在一定程度上难以统一。

另一方面,名称的不一致要归因于技术的发展。Pérez-González

(2014)明确指出,这种术语不统一是相对而言的,在某种程度上是20世纪以来科技飞速发展带来的结果。各种基于屏幕的文本——从电影到电子游戏和软件应用界面——纷纷融入人们的生活,无处不在。无论从实践还是学术研究的角度,视听翻译的范畴日渐扩大,各种新模式、新材料、新媒体、新观众层出不穷,其名称对此应接不暇,显得捉襟见肘。本节梳理各主要称谓并进行比较,旨在了解视听翻译的范畴与实质,归纳特征,展示这个领域从电影翻译到视听翻译的发展演变过程,尝试窥其全貌,为深入研究作引玉之砖。

二、电影翻译与影视翻译

电影作为一种艺术形式,诞生于19世纪末、20世纪初。电影翻译在西方尤其在欧洲始于20世纪前叶,这与欧洲各国的多语种和多文化传统有密切关系,所以视听翻译最初是以电影翻译的形式出现,与之相关的研究也随之兴起。视听翻译成为独立的研究领域也与电影翻译息息相关,其获得认可的标志,是1995年在法国东北部历史名城斯特拉斯堡举行的、由欧洲理事会和联合国教科文组织赞助的视听翻译论坛和一系列纪念电影百年的活动。

追溯"电影翻译"之名,也有称为"电影对白翻译""电影配音""电影交流"等,对应的英文名称也有好几种(见表1)。较早时期,美国翻译家Eugene A. Nida(1964/2004)在《翻译科学探索》一书中专门讨论过电影翻译,尤其是字幕翻译(subtitling)和配音(dubbing)[1]。Susan Bassnett(2002)没有把电影翻译作为独立的翻译类型看待,而是将之视为文学翻译的一种。她曾将翻译分为四类,即翻译史、译语文化中的翻译、翻译与语言学、翻译与诗学,其中第四类翻译与诗学涵盖了文学翻译整个领域,即诗歌、戏剧脚本、个体诗学、译者及其比较研究等,也将电影翻译问题(配音和字幕)归属此类。"电影翻译"这一名称明确显示早期视听翻译主要将注意力放在电影这种形式上,涉及电影脚本、配音和字幕翻译,与我国的电影翻译大致相当,此名称在电影发展初期以及视听翻译的早期研究中普遍使用是合理的。

然而“电影翻译”这一术语也有不足之处,它不言自明地把范围局限于电影,没有考虑到后来出现的电视和录像,也没有包含可能构成源文本的其他视听材料。就整个视听翻译领域而言,该术语的适用范围比较狭窄。从另一个角度讲,电影翻译本身是个非常复杂的过程,从一部书面文学作品到电影屏幕,从根据该文学作品拍摄的电影到另一种文化,这个过程包含了双重转换,两种文化间产生了一系列相互影响的关系,同时这个过程也涉及三种类型的转换,即电影改编(film adaptation)、文学翻译(literary translation)和视听翻译(audiovisual translation)(Díaz Cintas & Anderman, 2009)。从这个角度看,“视听翻译”反而成了“电影翻译”的一部分,二者关系发生了反转。这种观点值得进一步思考,但本书仍把“电影翻译”作为“视听翻译”的早期名称和组成部分。

随着电视的出现,电视播映成为一种通信与娱乐的大众传媒,为视听材料的传播提供了新的途径,从而有了“影视翻译”(film and TV translation)这样的名称(Delabastita, 1989),除电影外也把电视节目包含其中。国内普遍接受“影视翻译”这一名称,至今依然如此,主要是对外国电影和电视节目的配音与字幕翻译,早期多见于译制片。国内学界也多研究影视节目的翻译,比视听翻译实际涵盖二三十种模式的范畴要小很多,所以“影视翻译”与“视听翻译”并不对等,“影视翻译”这一名称显示出局限于电影和电视媒体的不足。

三、屏幕翻译

另一个常用来称呼视听翻译领域的词是“屏幕翻译”或“荧屏翻译”(screen translation)。O’Connell(2007: 123)把“屏幕翻译”理解为“翻译在某种屏幕上显示的各种视听文本”。这个词把重点放在显示文本的媒体上,因此包含了所有通过屏幕(screen)放映或展示的作品,无论是电影、电视、电脑还是手机的屏幕。早期侧重前两者，近来更关注视听文本的电脑化和数字化，因为在电脑屏幕或便携式电子设备上观看电子或数字媒体材料日益普及。屏幕翻译的范畴因此比“电影翻译”或“影视翻译”要广，除兼容二者外，还容纳了二者之外的材料，如录像、光盘、DVD、歌剧与戏剧、电子游戏、网页、网络流媒体材料等的翻译。该名称合理性的有力证据之一，是国际上某著名影视翻译协会取名为“欧洲屏幕翻译研究协会（European Association for Studies in Screen Translation，ESIST）[2]，该协会成立于1995年，此名称沿用至今。至少在较长时间里，“屏幕翻译”这个名称颇受青睐。

但另一方面，“屏幕翻译”这个名称仍然存在争议，主要针对其所辖范围。Karamitroglou（2000）就对其中的网站翻译提出质疑，区分了“电脑屏幕翻译”（computer screen translation）与电影或其他视听媒体中真正的“屏幕翻译”（screen translation），认为后者强调用来显示翻译材料的媒介或载体，如电影院、电视机和录像屏幕，只有在电脑显示器上出现书面或口语文本，并配有移动图像和声音时才应指“屏幕翻译”，而电脑显示屏上的网站翻译不符合以上特征，因此不属于这个领域。

另一个争议之处是，歌剧和戏剧的字幕翻译是否包含在屏幕翻译内，众学者各执己见。Karamitroglou（2000）认为歌剧和戏剧的翻译超出了屏幕这种媒介，Mary Snell-Hornby（2006：21）特意用“戏剧翻译与屏幕翻译”（translation for stage and screen）这样的术语来区分二者，表明二者是并列关系而非从属关系。也有学者反驳道，即使歌剧和戏剧的真正源文本（包含台词或唱词与表演）并没有出现在屏幕上，但配了唱词字幕的文本也是在屏幕上显示的（Pedersen，2010）。O'Connell（2007）也坚持认为歌剧和戏剧翻译应该包含在屏幕翻译中。

此外，学界对软件本地化和广播也存在质疑（O'Connell，2007）。Orero（2004）以自己做了15年广播画外音的亲身经历，来说明为广播与为电视采访做画外音非常相似，认为广播也属于这个领域，不应该被“屏幕翻译”的名字误导。

“屏幕翻译”这一名称虽使用较广，但受“屏幕”二字所限，随着视听材料类型的增加，视听翻译在提供语言辅助方面出现不少新的发展变化，该词因此被认为“太狭窄”(O’Hagan, 2007: 158)。考虑到这个名称的局限性，欧洲屏幕翻译研究协会也对此进行了说明：“本协会名称中仍保留了历史曾用名‘屏幕翻译’，但本协会认可本领域的术语变化，‘视听翻译’(audiovisual translation)一词更常用。”同时，该协会在机构简介中描述了视听翻译所辖媒体中的各种语言转换形式，包括字幕翻译、配音、画外音、媒体口译、歌剧和戏剧字幕翻译、听障者字幕翻译、视障者的影像描述等。严格来讲，这些转换形式并非全部符合“屏幕翻译”这个术语的描述。

有学者用“屏幕翻译”这个名称来特指某些视听翻译类型或模式，例如将之限制在电影翻译上，关注电影内容，解决给电影配字幕或配音带来的种种翻译问题(O’Hagan, 2007)；O’Connell(2003)也曾用其特指为儿童电视节目所做的语际配音。

四、媒体翻译与多媒体翻译

有学者(如Pedersen, 2010)视“媒体翻译”(media translation)和“多媒体翻译”(multimedia translation)二者同义，如同“屏幕翻译”和“视听翻译”一样。严格来说，“媒体翻译”与“多媒体翻译”有差别。

(一)媒体翻译

“媒体翻译”这一名称要归功于电视等大众传媒的出现，在全球传媒领域为了与此发展保持步调一致，因而得名(Pérez-González, 2014)。Gouadec(2007)从职业角度探讨了媒体翻译的归属问题，将之与文学翻译、出版翻译、专业翻译并列。Gouadec(2007: 28)把专业翻译(specialised translation)定义为如下翻译类型：(1)某高度专业化领域(例如法律、金融、计算机科学、电信等)；(2)某特定类型；(3)通过特定传播渠道，面向特定观众群或专家在特定情况下采用；(4)材料载于特定媒体的翻译(例如多媒体技术、电影、录像、信息和计算机技术等)，因而需要采取特殊步骤、工具和规程,从而出现新的专业领域,甚至新的工种。据此,媒体翻译也符合Gouadec对专业翻译的描述,即翻译载于特定媒体的材料,包含画外音、字幕翻译、配音,也有如媒体描述(media description)这样的新技术(Gouadec, 2007: 47),以及印刷媒体或电台广播和为广播所配的画外音(Orero, 2004; O'Connell, 2007)。

(二)多媒体翻译

随着更多新媒体的出现,文本呈现方式日新月异,"多媒体翻译"一词更为常见,也更恰当。鉴于此概念的不确定,Gambier和Gottlieb特意在其著作名称《(多)媒体翻译》(*<Multi> Media Translation*, 2001)上插入括号,以示二者的关联。

1. 多媒体

"多媒体"(multimedia)一词最早与教学(如幻灯片、电视、录像)和先锋派艺术形式联系在一起,之后随着新数字技术和新媒体(如电脑与互联网)的普及,带来新的交流形式,从而变得越发重要(Wehn, 2001)。广义的多媒体指"同时在两种及以上媒体中处理和展示信息",狭义的理解为文本、图表和图像的处理与展示(Cattrysse, 2001: 1)。"多媒体"一词可以比较全面地概括为"把原本分割开的不同类型信息代码(如书面文本、图画和数据)和交际代码(如视觉、语言或听觉以及二者兼有之)相结合,将之聚合于一种装置(如个人电脑)"(Wehn, 2001: 65)。

在多媒体环境中,同时存在图形和文本、图像和声音,也可以增加图片、动画和全动录像。如今,"多媒体"因众多的交际新技术似乎成为一个概括性的词,囊括了大量高科技特征和多媒体产品,例如电子书籍、电子杂志、多媒体数据库、交互式教学、交互式游戏、交互式电视、交互式音乐、交互式艺术与表演、交互式营销、演示与交际、电脑视频会议、产能和编辑工具、虚拟现实、DVD等(Cattrysse, 2001;Remael, 2001)。

2. 多媒体翻译

“多媒体翻译”与“电影翻译”、“屏幕翻译”的不同之处是：后两者在某种程度上把翻译过程局限于单纯采用某种材料类型（如电影）或渠道（如屏幕），而“多媒体翻译”这个术语更全面，指的是把多模态和多媒体文本译成另一种语言和（或）文化（Pérez-González, 2009）。多媒体文本具有多重符号的聚合、三维超文本构架和交互性的特征，各符号之间相互作用，完成意义的构建（Wehn, 2001）（详见1.2“视听翻译的文本概念”）。

国际上曾召开主题为“多媒体与翻译”（Seminar on Multimedia and Translation）的国际研讨会（Misano, September, 1997）[3]，会上提出了多媒体翻译的广义与狭义概念。广义概念是把多媒体翻译视作“涉及书面语或口语的多重符号转换”，狭义概念是“在多媒体背景下对书面语或口语的翻译”（Wehn, 2001: 70）。广义概念带来的疑问是，翻译是否需要拓展到语言文字以外的其他代码的转换，例如多媒体文本中能否且需要翻译图像？如果是，该如何翻译？狭义概念仍然保留了对书面语或口语的翻译，只是把翻译置于多媒体的背景下。一直以来学界大多认可多媒体翻译的狭义概念，即在多媒体背景下进行的语言转换，仍然把翻译当作完全基于语言的过程，但同时也逐渐接受诸如电影这类多符号文本的语言转换，尤其是配音和字幕翻译。

如果从媒体角度理解，“多媒体翻译”指“当承载信息的媒介发生变化的时候，产生电视、网站、图像、游戏、视频等形式而进行的翻译”（苗菊，侯强，2019: 159）。多媒体翻译与视听翻译和无障碍传播齐头并进，在翻译或传播过程中使用多媒体电子系统和越来越多的数字媒体，应用于电影、电视、戏剧、广告、视听和移动通信设备、电脑产品等各领域（Pérez-González, 2009; De Marco, 2012）。该名称包含为电影或电视进行的传统视听翻译模式，例如字幕翻译、配音、画外音，这些均可视作多媒体活动，还可容纳以下模式：电子游戏、网络交际、字幕组、配音组、网络动画、无障碍传播的听障者字幕翻译、视障者的影像描述、口述字幕翻译、手语口译

(Remael, 2001; Díaz Cintas, 2008),最常用来指新媒体的翻译,例如电子游戏、网站、电脑软件,是“理论上覆盖面最广的”一个名称(Pedersen, 2010: 5-6)。

“多媒体翻译”这一名称也有不足之处。其一,多媒体翻译强调信息传递通过的众多媒体和渠道,确定“多媒体”一词所指的各种渠道,以及“多媒体翻译”比较全面的定义有一定难度(Cattrysse, 2001)。其二,多媒体翻译对所辖领域有所侧重和限制。“多媒体”一词与信息技术(IT)密切相关,因此多媒体翻译很容易让人联想到IT行业的翻译、信息与交际技术产品的本地化、互联网产品的翻译等(Orero, 2004; Díaz Cintas, 2006)。如果用以统领视听翻译整个领域和几十种模式,这个名称并不那么恰当。再者,多媒体翻译聚焦于多媒体活动和多符号文本的语言转换,这个术语容易混淆严格意义上的“媒体”(media)(如电影、电视、电脑)与“代码”或“符号”(codes)(如语言和视觉代码),因为多媒体翻译有时用来指电影、戏剧、连环漫画,有时又指电视、电影、录像、线上和线下的产品和服务(如网页、光盘、电子游戏)(Gambier, 2003: 171-172)。所以“多媒体翻译”在以上特定领域用得较多,但并未普遍接受为视听翻译领域的标准名称。

五、视听翻译

与“屏幕翻译”一词几乎同时出现的还有“视听翻译”(audiovisual translation)一词(Luyken et al., 1991; Dries, 1995; Shuttleworth & Cowie, 1997; Baker & Hochel, 1998)。“视听”(audiovisual)一词最早指20世纪60年代风靡的一种特殊教学方法,即采用图像和声音手段的“视听教学法”,多用于教育和培训(Gambier, 2003)。在视听翻译中该词特指利用听觉和视觉渠道传递的语言和语言以外的信息,突出了这个领域的特殊翻译材料,即不同于普通书面文本的“视听文本”(audiovisual text),是由听觉及视觉与语言或非语言元素组成的各种材料(见1.2“视听翻译的文本概念”)。

该术语与“屏幕翻译”进行比较，二者既有共同点也有差异。作为共同之处，二者都包含了电影和电视的翻译，所以国内大多把二者皆译为汉语名称“影视翻译”。不少学者把二者视为同义词而互换使用（见Gambier & Gottlieb，2001；Antonini，2007）。二者的差异也显而易见，从字面意思看，“屏幕翻译”强调显示翻译材料的媒介，而“视听翻译”则突出视觉与听觉相结合的二维传播模式，可以把“屏幕翻译”通常排除在外或者未利用屏幕显示的一些模式也包含其中，如歌剧和戏剧的字幕翻译（Karamitroglou，2000）、广播和网站的翻译（Gambier，2003；Williams & Chesterman，2004）。以上差异正是Orero（2004）将其著作命名为“视听翻译”而非“屏幕翻译”的原因。Pedersen（2010：6）因此得出结论：“视听翻译成为比屏幕翻译更高一级的术语。”

“视听翻译”不仅可以替代“屏幕翻译”，其核心是视听节目的多符号性质，体现了其符号学构架，以及接受视听文本的多重感官性质，可以比较精准地描述整个领域翻译的复杂性，也具有比其他名称更大的包容性，是到目前为止视听翻译领域最合适的名称，有巨大潜力成为整个领域的标准术语，而且已经得到学界的认可：Díaz Cintas与Remael（2007）承认这个名称越来越普遍，正迅速成为该领域的“标准称呼”；苗菊与侯强（2019）也指出，“视听翻译开始时是指对电影、电视节目等的视听材料的翻译”，如今“已经成为非常标准的术语”；Bogucki与Díaz Cintas（2020）视其为“最常用的称呼”。

从视听翻译的复杂性角度，“视听翻译”指以任一媒体或格式制作或后期制作的所有翻译或多符号转换（Orero，2004：viii）。Gambier（2018：51）描述了视听翻译涉及的14种符号代码（见表2），并表示“视听”二字意味着在产生意义时许多指示代码同时起作用。由此可见，任何视听产品或表演的复杂性，这样更能理解视听翻译的复杂性。

表2 视听翻译的符号代码

	听觉渠道	视觉渠道
语言元素（符号）	-**语言代码**（对白、独白、评论或声音的消减、朗读） -**副语言代码**（演讲风格、语调、口音） -**文学与戏剧代码**（情节、叙事、顺序、戏剧展开、节奏）	-**图形代码**（书面表达、信件、报纸标题、菜单、街道名字、插卡字幕、字幕）
非语言元素（符号）	-**特殊音效或声音设置代码** -**音乐代码** -**副语言代码**（音质、停顿、沉默、音量、噪声：哭泣、呼喊、咳嗽等）	-**图像代码** -**照片代码**（灯光、透视、色彩等） -**场景代码**（视觉环境符号） -**电影代码**（拍摄、构图、剪辑或编辑、类型特征等） -**身势代码**（手势、仪态、姿势、相貌、注视等） -**空间关系代码**（动作、空间利用、人际距离等） -**着装代码**（发型、妆容等）

“视听翻译”这个术语比其他名称更包容、更全面、含义更广，因此成为最终确定的名称（Orero, 2004; De Marco, 2012）。该词因其兼容并蓄，更受欢迎，基本能解决其他术语面临的大多数问题，容纳了翻译活动的很多形式，可以说几乎囊括了这个领域的所有模式，其中有为电影、电视、录像、DVD、广播、网络等所做的语内和语际翻译，例如字幕翻译、多语言字幕、歌剧和戏剧字幕翻译、同声翻译、配音、画外音、叙述、同声传译、为有视听障碍的人所做的翻译，即无障碍传播的新模式，例如为听障者所做的字幕翻译和为视障者所做的影像描述。除此之外，还有在电影节上为电

影所做的同声传译以及手语口译等形式。从广义上说,视听翻译包括了Gambier归纳的媒体中的多种语言转换类型(Veiga, 2006)。

但这个名称即使成为该领域的标准术语,也并非十全十美,因为其强调"视"与"听",即视觉与听觉渠道传递信息,但随着新技术的采用,未来出现新媒体、新材料时也有可能会受限。一种观点认为"本地化"(localization)是个比"视听翻译"覆盖面更广的术语,提议用其取而代之。例如Chaume(2018: 84)把"本地化"理解为一个通称,涵盖了"视听翻译的所有类型和媒体改编的所有类型",认为这个术语可以容纳已经得到认可的和新的具有突破性的语际、语内和符际"视听翻译"模式。可以预见,未来对"视听翻译"这个名称中的"视听"和"翻译"二词仍然会产生争议。

在实际应用中,"视听翻译"的范畴在特定语境下受到一定的限制。该词来源于西方学界,在国内大多译成"影视翻译",特指电影和电视媒体的各种翻译模式。Deckert(2013: 51)也曾限定其使用范围:"虽然视听翻译一词覆盖面广,但我主要用该词来指电影翻译,因为本书的研究对象是来自电影素材的例子。"

总而言之,无论是"影视翻译""屏幕翻译""多媒体翻译",还是"视听翻译",这些名称所辖领域的各种模式主要功能基本一致,即让视听节目或材料跨越语言的障碍,各自为特定观众群开辟了新的空间,提供了新的可能,为视听交流创造了巨大的潜能。这些名称"都是随着社会实践发展而来的"(苗菊,侯强, 2019: 159),即使目前通用的"视听翻译"这个接受度最高的名称,"仍然在不断变化中"(Bogucki, 2013: 17)。

除以上名称外,还有一些不太常用、接受度较低的名称,主要分为两类,一类强调视听翻译领域语言转换所受的限制,另一类则强调视听翻译的改编性质。

六、强调语言转换限制的名称

强调视听翻译领域语言转换所受限制的名称有语言转换、多模态翻译与多维翻译、受限的翻译(或从属翻译)(见表1),这些名称有各自的内涵,用来指称视听翻译也有各自的局限性。

(一)语言转换

一种观点把视听翻译称为“语言转换”(language transfer),认为翻译的焦点是放在“语言”上,语言内容由画面和声音等其他元素进行补充(Gambier, 2003)。以此为前提,各种媒体仅仅用来承载或显示语言材料,这个领域进行的翻译始终是翻译多媒体信息的语言文字部分(Cattrysse, 2001),例如Wehn(2001：70)认为“多媒体翻译”指“在多媒体背景下对书面语或口语的翻译”,只是把翻译放在了多媒体的背景下。Gambier (2003)因此归纳了媒体中的各种语言转换类型,从电影字幕翻译、同步字幕翻译、多语种字幕、歌剧和戏剧字幕翻译到配音、画外音、口译、叙述、解说等。

把视听翻译称为“语言转换”,不足之处显而易见。若按照Wehn (2001)对“多媒体翻译”的理解,把多媒体信息的语言部分与其他部分分割开,并不符合这种翻译的性质。其一,多媒体信息的语言部分会影响多媒体整体效果。要分析语言部分的翻译对整体效果的影响,必须把语言部分的分析放到整个多媒体交际的大环境中。其二,即使是语言部分的翻译也远非单纯的文字转换。通过语言转换,也同时翻译了其他规范,例如文化规范(如礼貌原则)、政治和经济规范等(Cattrysse, 2001)。其三,视听翻译的复杂程度远超语言文字或书面文本的范畴,是多媒体、多符号、多代码、多模态的。由此可见“语言转换”虽曾用来指称视听翻译却并未普及的部分原因。

(二)多模态与多维翻译

“多模态翻译”(multimodal translation)也被视作视听翻译的一个“同义的通称”,有时与其他名称互换使用,来描述视听翻译这种多模态语境下的语际转换过程(Perego & Pacinotti, 2020)。所谓“多模态”,是指“传播信息的方式不同,有文本的、口述的、图像的、用身体动作表示的不同交流方式，即交流渠道的多种模态”，例如同时通过听音乐、看图像和阅读字幕文字来获取和交流信息，借助多种渠道来传播信息（苗菊，侯强，2019：159）。类似的还有“多维翻译”（multidimensional translation）（Bogucki & Díaz-Cintas，2020）。二者均指把多模态和多媒体文本译成另一种语言或文化（Pérez-González，2009），突破了严格意义上的翻译概念，尝试容纳更多新的翻译做法和交流方式。

这两个名称皆努力突破传统语言转换的限制，突出视听翻译的“多模态”和“多维”性质，却没有明确指出视听翻译的媒体、代码、符号特征，也没能真正与其他翻译类型（包括普通翻译、文学翻译）区分开，因为有观点认为所有文本都是“多模态”和“多维的”，Gambier（2003：172）就曾质疑道：“难道不是所有的‘文本’都是这种多符号的吗？”

（三）受限的翻译

“受限的翻译”（constrained translation）（也称“从属翻译”）一词也凸显了视听翻译中语言转换的限制因素。视听领域的翻译远远超出单纯语言转换的范畴，而且视听翻译者以及每种视听翻译模式皆须遵守特定的媒体限制条件。简单举例，做字幕翻译时，翻译文本有一定的字数限制，配音时有对口型的要求等。如今出现的一些新媒体、新视听材料、新模式也有各自的限制条件，例如为听障者做字幕翻译，这种新模式服务特殊的感官残障观众群体，与普通字幕翻译的限制条件就不同。

“受限的翻译”这个术语究其来源，并非特指视听翻译，在早期翻译研究中指翻译本身，因为不少学者认为，根据翻译的定义，所有翻译都是受限的（Titford，1982；Mayoral et al.，1988；Zabalbeascoa，1997）。既然该术语并非特指视听翻译，用来指称这个领域本身既是赘述，也有误导之嫌。

七、强调改编性质的名称

另一类不太常见的名称则强调视听翻译的改编性质，包括创译、编译、跨媒体叙事和版本制作等。

（一）创译

“创译”（transcreation）一词有说法是由Bernal-Merino（2006）引入视听翻译领域，实际上其来源可以追溯到更早时候。Katan（2014）对该术语进行了历史回顾，从Gottfried Leibniz在哲学中最早使用，到Samuel Coleridge对文学的改编，再到最近Purushottam Lal将之用于翻译研究中（Chaume，2018）。学界对“创译”概念的理解也并未统一。Katan认为，该术语包含了“忠实传递”（transmission）（即翻译）与“创作”（creation）两个概念，“创译”因此得名。创译被视作一种加强版的视听翻译模式，是数字化的直接结果，由“全球化”（globalisation）与“本地化”（localisation）相结合，称为“全球本地化”（glocalisation），在此过程中，为满足本地消费者的需求，对某全球化产品进行改造（Chaume，2018：95）。

在实际应用中，这个术语常用在娱乐行业、游戏本地化、广告业和动画领域。娱乐行业的创译也是积累视听文化资源的过程，主要方式有观众通过配音版和字幕版消费自己喜欢的外国产品（如电影或电子游戏）、消费以本国语言制作的本地产品、像创译作品这样经过改编的产品，也就是改编全球产品，既保留了某些外国特征，又结合了某些目标文化或本地特征。一个例子是印度版的图像小说[4]《蜘蛛侠》，蜘蛛侠原型来自美国漫威动画人物，图像小说保留了这个角色的主要人设特征，包括标志性的紧身衣，但故事和人物背景从美国搬到了印度，增加了印度传统服饰的腰布和宽松长裤等。在跨媒体产品中，这版“印度蜘蛛侠”和其他版蜘蛛侠也出现在名为《超级蜘蛛侠》（*Spider-Man Unlimited*）的电子游戏中（Bernal-Merino，2015；Chaume，2016，2018）。

在游戏领域，Mangiron与O’Hagan（2006）用“创译”一词来描述电子游戏本地化过程，本地化人员几乎享有绝对的自由，可以修改、省略甚至添加任何其认为必要的元素，使游戏更贴近玩家，更好地传递玩游戏的感觉，所以这个术语“保留了媒体材料的沉浸式功能”（Pérez-González，2014：15）。创译包含了符号改编与操控的所有形式，其中本地化或操控的是原始视听产品的某些或大部分符号层面，主要有属于视听文本的5种听觉代码的符号，即语言、副语言、音乐、特效与音源符号。此外，为满足特定目标观众而本地化产品，从而操控图像（如图标、索引和符号）、灯光、动作（如身势符号）、镜头等（Chaume，2018：96）。

在广告和动画领域，创译也用在电视和互联网广告的本地化以及动画片中。以动画片《哆啦A梦》为例（也译作《机器猫》《叮当》《小叮当》）（*Doraemon*，2005），这部动画剧集讲述了一只来自22世纪的猫型机器人穿越时光回到20世纪，帮助一个小男孩大雄的故事。这部动画片的北美版为更贴近美国观众，用西方的文化与思想价值观来替代了日本的文化与价值观，甚至日元变成了美元，筷子变成了刀叉，医药箱换成了披萨，采用了创译方法，进行了符际翻译，对这些文化特征进行了操控（Chaume，2018）。

创译包含了符际翻译过程，采用了图内翻译（intraiconic translation）和图际翻译（intericonic translation），前者指图像被翻译成同种文化的其他图像，后者指图像被翻译成另一种文化的其他图像，二者都可纳入创译这种翻译概念中（Chaume，2018：97）。

“创译”一词的使用并不广泛，有些翻译机构想借此与传统翻译机构划清界限，暗示传统翻译机构只提供字面翻译服务，这样的暗示有失公允，毕竟传统翻译机构也并非只进行字面翻译。这个术语在电子游戏本地化、广告业等领域使用较多，但不足以囊括视听翻译的庞大范畴，而且“与更传统的‘翻译’一词相比，似乎并没有理论基础证明这个术语更合理”（Bernal-Merino，2015：89）。

（二）编译

“编译”（transadaptation）一词类似“创译”，强调视听中介的转化作用，尤其视听翻译的改编性质，核心是译者离开原文去满足新的观众（Gambier，2003；Neves，2005）。所谓“编译”是“翻译”（translation）与“改编”（adaptation）的缩合词，超越了传统的翻译概念，也让翻译理论跨越了常见的翻译二分法，例如直译与意译、翻译与改编的区分，具有容纳所有翻译及改编类型的潜力（Chaume, 2018）。

Gambier（2003：178）把视听领域的翻译皆称为“编译”，是因为这些模式“已经模糊了笔译与口译、书面语与口语代码之间的传统界限”，所以该术语兼容了迄今所知的所有视听翻译模式，例如配音、影像描述、字幕组、配音组、广告组、自由解说、电影节的同声传译、电子游戏本地化、听障者字幕翻译等，可以用来解释开展这些类型的翻译活动时出现的问题。以配音为例，电影的配音版可以视作一个“独立”的版本，因为配音版文本与原版文本在内容与形式上鲜少对等，二者被当作有关同一主题的不同版本，所以这种翻译被称为“编译”或“再创作”（re-creation）（Chaume, 2018）。

Neves（2005）把“编译”的焦点放在目标观众上，认为“编译”能更好地满足形形色色的观众群体的需求，比如来自不同社会文化和语言背景的观众、怀有不同期待的观众、有不同感官残障的观众（包括视力受损和听力受损）。“编译”还能照顾到不同年龄群体，例如儿童与成年人，以及这些群体的细分类型。

然而，“编译”概念并非视听翻译所特有，普通书面翻译中也有“编译”一说。就像改编之于视听翻译一样，虽然视听翻译具有改编的性质，但也只是其组成部分，并不能全面概括视听领域的整体特征。再者，如果每种视听翻译模式皆可视为编译的例子，那么“编译”可能会变成“视听翻译”的又一个“没多大用处的近义词”，而“视听翻译”才是“兼容所有媒体转换的一个更加整合统一的词”（Chaume, 2018：93）。

（三）跨媒体叙事

“跨媒体叙事”（transmedia narrative or storytelling）也曾用来指称视听翻译，也叫作“多平台叙事”（multiplatform storytelling），是一种通过多个平台和格式讲故事的方法，通常有一个核心故事和衍生故事，用其他格式和媒体进行创作和传播。跨媒体叙事往往利用数字技术，让观众或用户参与其中，观众可以创作衍生故事、与创作者和传播者（如电影导演和演员）

互动,或者操控视听产品(Chaume, 2018)。

跨媒体叙事利用多种媒体和设备,如视听的、多媒体的、互动的、多片断的、多种格式创作的媒体,把跨越不同平台和格式的多个故事连接到一起进行故事创作,让观众参与其中。其说明和强化叙事的手段也五花八门,对每种格式的改编都利用了文本(语言代码)、图像(图像代码)、音乐(音乐代码)、音效(声音代码)、猜谜和游戏等手段。

"跨媒体叙事"这个名称的优点是摆脱了传统翻译概念的束缚,能容纳视听世界的叙事和产品,但其面临的问题与"创译"和"编译"等强调视听翻译改编性质的名称类似,它不足以全面概括视听翻译的整体特征。此外,跨媒体叙事本身也面临质疑,容易与"改编"(adaptation)、"重译"(retranslation)、"伪翻译"(pseudo-translation)等概念混淆。以跨媒体叙事中的衍生故事为例,不仅有语内重译,即在原版中以同一种语言创作,再进行翻译,或者直接以其他语言创作,再译回原版影片的语言,因此也有对每部作品和每种格式的语际翻译,以伪翻译的形式完成。跨媒体叙事的这些视听作品之间关系错综复杂,问题是这些故事到什么程度才被视为同一个故事以不同格式进行的改编或重译?这需要对"改编"进行深入探讨(见1.3改编与视听翻译)。

(四)版本制作

Gambier (2003)曾用"视听版本制作"(audiovisual versioning)或"版本化"(versioning)来描述视听翻译,避免采用"翻译"一词,因其容易让人联想到字字对译,而"版本制作"一词可以区分视听翻译这种类型的转换和传统意义上的翻译。"版本制作"是一种"类翻译"(quasi-translation)的语言转换形式(Pedersen, 2010: 6),并不完全等同于视听翻译。它是视听翻译最早的形式之一,出现在有声电影初期,指的是同一位导演同一部电影拍摄两次或多次,演员说不同语言的对白(Gottlieb, 1997)。

版本制作与最典型的三种视听翻译形式(配音、字幕翻译、画外音)不同:这三种模式都是后期制作翻译,而版本制作属于前期制作翻译,不像三种模式那样先拍摄一部电影或电视节目，再将之翻译成不同的目标语言，而是制作同一部电影或电视节目的多种语言版本（Pedersen, 2010）。例如美国电影《劳来与哈代》（*Laurel and Hardy*, 1965）[5]的意大利版，意大利配音演员在意大利语中特意模仿两位喜剧演员的美国口音（Chiaro, 2008）。英国喜剧作品《巨蟒剧团之飞翔的马戏团》（*Monty Python's Flying Circus*, 1969）[6]的原版剧组在1971年拍摄了剧集的德语版（Pedersen, 2010）。这种同时拍摄同一部影片的不同版本或者“同期制作”的版本，制作费用昂贵，如今已不太常见，取而代之的是“改编版”（adaptations）和“模式化版”（formatted versions）（Gottlieb, 1997）。

改编版与“同期制作”版本不同的是，目标语制片人先购买源文本脚本与制作目标语版本的权利，即制作权，再由目标语演员以目标语重新拍摄该影视节目。这种形式仍然属于翻译，可以当作一种“隐性翻译”（covert translation），因为目标观众并没有清楚地意识到观看的是翻译版，源文本往往只在片尾致谢名单中提及，影片的标题也常常改变（同上）。

改编版往往进行大量文化改编或文化归化（cultural domestication），使目标文本看起来像目标语原作一样，而且改编手段比其他翻译形式更自由，有时甚至会删除或添加整个场景，因此完全有理由称其为某个“版本”，而非“翻译”。有的影视节目改编很成功，保留了原版的人物和场景，但创作了新的情节或整个系列，改编版仿佛拥有了自己的生命一样，已经没有了源语脚本对应的元素，这样一来并不能算作翻译（Pedersen, 2010）。

在美国，改编故事片是一种视听翻译的常见形式，美国观众比较排斥字幕，所以不少其他语种的电影都拍摄了美国改编版，如丹麦电影《看夜更》（*Nattevagten*, 1994）拍摄了美国改编版《守夜人》（又名《看谁在尖叫》）（*Nightwatch*, 1997）[7]；英国BBC伪纪录片情景剧《办公室》（*The Office*, 2001），由美国全国广播公司（NBC）制作了同名美国版[8]。改编版还可细分为“重拍片”（remakes）和“双版本”（double versions），前者在原版之后拍摄，后者几乎与原版同期拍摄（Dries, 1995）。

如果把改编版视作边缘翻译，“模式化版”就更不能算作翻译了。模式化版输出的不是影视节目的脚本，而是节目的模式，目标语制作人购买节目的模式，拥有商标、布景或场所的权利，然后以这种模式制作目标语的内容，有时也称为“版式”（formats）（Pedersen，2010：19）。这种形式最常见于游戏节目或综艺节目，例如由英国独立电视台（ITV）出品的电视游戏节目《谁想成为百万富翁》（或译为《百万富翁》《百万大赢家》《超级大富翁》）（*Who Wants to Be a Millionaire?* 1998）[9]、美国全国广播公司出品的电视智力竞赛节目《危险边缘》（*Jeopardy!* 1964）[10]、歌手真人选秀节目《美国之声》（又译《美国好声音》）（*The Voice*，2011）[11]，被世界各地的电视台买下制作权，并制作了相同模式的本地版本。

“版本制作”或“版本化”多用在字幕翻译和配音等视听翻译模式上，所以常称“字幕版”或“配音版”，而避免用“翻译”之名。但与其他强调改编性质的名称一样，“版本制作”用来命名视听翻译也面临一样的困境，该名称在视听翻译文献中用得不多，如今主要用在信息技术方面（Bogucki，2013）。

八、结语

视听翻译的所有这些曾用名，很多时候被视为同义词或近义词，Gambier（2003）在其研究中有时用“屏幕翻译”一词，有时用“视听翻译”一词。这些术语并非泾渭分明，而是界限模糊，彼此之间互相重叠，同时并存，Perego和Pacinotti（2020：34-35）把这些词皆称为“同义的通称”，用来描述视听翻译这种多模态语境下的语际转换过程。有时某个名称也用来特指，例如Deckert（2013：51）在其著作《字幕翻译中的意义》（*Meaning in Subtitling*）中用“视听翻译”一词特指“电影翻译”；Veiga（2006）研究葡萄牙语译者或字幕译者所做的字幕翻译，关注为故事片配字幕，所以用“屏幕翻译”或“电影翻译”作为“视听翻译”的同义词。

称谓不一致并非一无是处，反而具有特别的意义。视听翻译的术语不一致，正反映了该领域“不断变化的本质”，表明了“时代在改变”（Díaz

Cintas, 2006: 194),反映了"最近的科技发展",是其"有活力的象征"(Gambier, 2008: 25)。这些术语随其范畴的拓展,在不同阶段、不同时期使用。一览这些不同的名称,得见不同时期的术语变化,有助于了解视听翻译拓展过程的"连续阶段"(Pérez-González, 2014: 14),从而一窥该领域实践与学术研究的演化发展史,在某种程度上还能预见其未来的发展态势。从这个意义上讲,各名称在一定程度上、一定时期内皆是合理的。

这些五花八门的名称也展现了一种包容性,说明学界不再固执地试图把视听翻译的新发展变化都塞入"虽普遍接受,却狭小陈旧的框架中"(Díaz Cintas, 2009: 7),同时也"并没有为交流设置任何障碍,反而清楚表明许多学者希望保持一种开放、宽容的态度,使之能容纳及认可翻译领域的新发展"(Díaz Cintas, 2006: 194)。多年来学界努力寻找其合适名称的原因之一,就是为了突破"严格意义上的翻译"这类传统概念的界限,使视听翻译能容纳更多新的翻译做法和新的交流方式。视听领域的翻译如何命名虽然仍然存在疑问,但视听翻译如今已经自成一派,在革新传统翻译概念方面潜力巨大。

注释:

1. 书中提及视听翻译模式的中英文名称对照与定义见本书第二章(2.1)"视听翻译模式类型"。
2. 参见"欧洲屏幕翻译研究协会"(European Association for Studies in Screen Translation, ESIST)网站和协会宗旨。
3. 以"多媒体与翻译"为主题的国际研讨会(Seminar on Multimedia and Translation),于1997年9月26—27日在意大利里米尼省的米萨诺(Misano)召开。
4. 图像小说(graphic novel),结合文字与图像的一种文本形式,有完整故事,以书籍形式出版,类似漫画,改编成影视作品的比较有名的图像小说如《蝙蝠侠:黑暗骑士崛起》《雪国列车》等。

5.《劳来与哈代》(*Laurel and Hardy*, 1965),美国影片,劳拉与哈代是世界喜剧电影史上最出名的二人组合和好莱坞名声斐然的喜剧演员,曾出演了一系列著名的默片喜剧,该片由Robert Youngson执导。

6.《巨蟒剧团之飞翔的马戏团》(*Monty Python's Flying Circus*, 1969),超现实小品喜剧作品系列,由英国喜剧团体巨蟒(Monty Python)编剧、制作、导演、演出。成员包括Graham Chapman, John Cleese, Eric Idle, Terry Jones, Michael Palin和Terry Gilliam。该节目于1969年在BBC电视台首播并陆续播放了四季。

7.《看夜更》(*Nattevagten*, 1994),丹麦惊悚片,讲述医院停尸房发生的案件,美国制作了翻拍版《守夜人》(又名《看谁在尖叫》)(*Nightwatch*, 1997),由Ole Bornedal执导。

8.《办公室》(*The Office*, 2001),英国BBC伪纪录片情景剧,讲述一群办公室职员每天的生活和逸事,美国全国广播公司于2005年制作了同名美国版。

9.《谁想成为百万富翁》(又名《百万富翁》《百万大赢家》《超级大富翁》)(*Who Wants to Be a Millionaire*? 1998),英国独立电视台出品的电视游戏节目,要求参赛者正确回答连续15道四选一的多项选择题,全部答对可获得一笔巨额奖金。该节目由英国导演David Briggs于1995年构思,1998年在英国首播。

10.《危险边缘》(*Jeopardy*! 1964),美国全国广播公司出品的电视智力竞赛节目,参赛者根据以答案形式提供的各种线索,以问题的形式作答,内容涉及历史、文学、艺术、科技、流行文化、体育、地理、文字游戏等多方面。该节目由Merv Griffin在1964年创作。

11.《美国之声》(又名《美国好声音》)(*The Voice*, 2011),美国全国广播公司制作的歌手真人选秀节目,由美国大腕明星担任导师,各地歌手作为嘉宾,经过海选、擂台战以及直播秀三个阶段,最后通过观众投票选出获胜者。该节目自2011年起在NBC电视台播出。

1.2 视听翻译的文本概念

一、概述

在广阔的视听翻译(AVT)背景下,翻译研究面临前所未有的挑战,首要问题是术语革新,如“翻译”(translation)这一最基本概念的重新定义。传统观点认为,视听翻译研究的一些翻译现象超出了严格意义上“翻译”的范畴,因为视觉上的转换过程存在各种时空限制,影响最终产品,所以应称作“改编”(adaptation)。但在视听翻译领域,二者的界限早已模糊,其“翻译”概念甚至融合了“操控”、“删改”、“转换”和“翻拍”的意思,覆盖面更广。除“翻译”外,还有许多传统概念需要重新解读,这一研究方向大有可为,但在国内尚属鲜见。因此,可以先从与“翻译”最密切的“文本”(text)概念入手,探讨如何对其重新解读,因为传统上,文本被认为是对翻译进行科学分析的合理单位,而“翻译是关于将文本从一种语言转换成另一种语言”(Bassnett, 2007: 23)。下文先阐述视听翻译中保留的传统文本概念,再深入剖析包括视听元素和其他非语言元素在内的文本类型,从听觉媒介型文本到多媒体文本等新的文本概念,归纳其特征和相互关联,旨在以此为例,展现视听翻译领域术语革新的巨大潜力。

二、视听翻译中的传统文本概念

最基本的文本概念建立在句子上,描述句子的特定排列方式。一种观点认为,文本是“一连串按顺序排列的粘合和连贯的句子,可实现一系列相互关联的意图”(Hatim & Munday, 2004: 350)。也有人认为文本是“句子的直线排列,或一系列有序的文字单位”(Gambier, 2008: 22)。二者皆强调文本为有序的句子排列。文本有其特定的结构和特征,通常要求“顺序井然的一连串句子，一个有规律的结构，指某个特定体裁的文本”，其中的一个特征为“具有某种语言标准：如说话与写作的方式截然不同”(Gambier & Gottlieb, 2001:xviii)。文本还表现出“能体现特定文本焦点(contextual focus)的特征和能将其辨别为特定文本类型(text type)的特征”(Hatim & Munday, 2004: 350)。以此传统文本概念为基础，存在一些相关文本术语，其中与翻译最直接相关的是源文本(ST)和目标文本(TT)，一般理解为需要翻译的原著文本和翻译了的文本。除此外，还有指出现在某个词汇前后的其他词项的“共同文本”(co-text)、除正文以外还包含标题和脚注等的“超文本”(paratext)，以及以两种语言书写的“平行文本”(parallel texts)等概念。这些传统文本概念都基于印刷的书面文本，指纯文字的文本。

视听翻译虽然有其独有的特征，但作为翻译的分支，并未完全脱离语言范畴，所以，传统的文本概念在视听翻译中仍然占有一席之地。所不同的是，传统文本成为视听翻译的翻译材料或交互材料的一种，也就是说，译者所要翻译的视听材料不仅限于语言文字的文本，可以是“一个文本、需要配字幕的视频、需要配音的DVD、文档、网站内容、代码、信息、磁带或任何其他种类的来源材料”(Gouadec, 2007: 14)。作为视听翻译对象的多媒体产品也就是“交互性的数字材料，包括文本、声音、图像和视频。可以是离线产品(如光盘)或在线产品(如网站)”(Gouadec, 2007: 377)。此处的多媒体产品是文字文本与视听材料交互的结果。

同时，视听翻译是一种“受制约的翻译”或“受限的翻译”(constrained translation)，根据这种翻译的要求，传统意义上的文字文本被置于信息的大环境下，成为信息的组成部分，这点在其定义中显而易见：

> “受制约的翻译”一词最先由Titford(1982)采用，随后再次被Mayoral、Kelly和Gallardo用来指具有如下特征的翻译，即“在这类翻译中文本只是信息的一个组成部分，或者文本只是构成为朗读或表演而准备的讲话的中间阶段”(1988:356)。作者要考

> 虑翻译过程中“产生杂音”的各种环境，以及在翻译各种类型的信息时受到的不同程度的制约。(Bartrina & Espasa, 2005: 83)

Bartrina和Espasa(2005: 85)曾列出视听翻译不同于舞台剧翻译的四个特征，其中一个特征指出，文本完全从属于电影中的视听成分，而且这些视听成分不能改变。这个特征再次印证了在视听翻译中传统的文本只是信息的一部分和众多符号的一种，而且处于从属地位。

三、听觉媒介型文本和多媒介型文本

视听翻译中，除传统文本概念外，还有一些特有的文本概念，其中最早的代表性概念源自Katharina Reiss的文本分类，而Reiss则被认为是“首位关注为说或唱而进行书面表达的听觉媒介型文本的人”(Gambier & Gottlieb, 2001: x)。

Reiss(2004: 26)借用了Karl Bühler关于语言功能的三分法(即信息、表情和祈使功能)，将这三种功能与相对应的语言纬度、文本类型和交际环境联系起来，归纳了三种基本文本类型，即以内容为中心的信息型文本(informative text)、以形式为中心的表情型文本(expressive text)和以诉求为中心的操作型文本(operative text)。她认识到这三种基本文本类型的不完整，进而划分出第四类，称为“听觉媒介型文本”(audio-medial text)，即“无论在源语还是在目标语中，为了与听者交流，任何需要利用非语言媒介，并在某种程度上适应非语言媒介的文本”(Reiss, 2004: 43)。之前，Reiss(2004: 27)曾将其称为“辅助文本类型”，但她承认，此称呼容易使人误解，因为这暗示文本处于“从属的地位”，而实际上这是由相关的超语言因素造成的，因而采用了“听觉媒介型文本”这一名称，她认为这个称呼“更准确地描述了该文本类型的特点”。随后，Reiss又将其改为“多媒介型文本”(multi-medial text)*，二者本质并无差别，只是为了包括有视觉成分却无听觉成分的连环漫画之类的文本。

听觉媒介型或多媒介型文本以书面形式出现，用于“说”或“唱”，不是用来“读”而是“听”的。此类文本是一个混合体,文字语言不过是其各种要素中的一种。Reiss(2004: 43)进一步指出,听觉媒介型文本“并不是对口头交际内容的简单转写,而在某种程度上,是更大的混合体的重要组成部分”。此外,这类文本的一个显著特色是对非语言媒介的依赖,依赖于“非语言的(技术)媒介、图示的、听觉和视觉的表达方式”,而且“只有与之相结合,才能完全开发整个复杂的文学形式的潜能”(同上)。所以,译者要确保译文与原文同样适合在相关媒介中使用,而这个非语言的媒介则起到辅助和中介的作用。

Reiss后来承认此类文本并非构成完全独立的第四种文本类型,而是包含了其他三种基本文本类型的成分(Snell-Hornby, 2006: 84)。也就是说,此类文本本身属于其他三种基本文本类型之一,但其中的语言内容由其他媒介中的成分来补充。这类文本因此构成了三种主要文本类型的“上层结构”,而且“多媒介型文本的特殊要求,要优先于其本来所属的基本文本类型”(Reiss, 1977/1989: 111)。所以,Reiss(2004: 44)也曾按照三种基本文本类型,把听觉媒介型文本划分为以内容为中心的类型(如广播演讲和纪录电影)、以形式为中心的类型(如时事调查和戏剧)和以情感诉求为中心的类型(如喜剧和悲剧)。

听觉媒介型文本通常包括政治演讲、讲座、广播和影视脚本,如电台的新闻广播和报道、时事调查和戏剧节目;文字与音乐相结合的文本,如流行音乐、歌曲和圣歌、合唱和宗教剧、歌剧的歌词;舞台剧,从音乐剧到轻歌剧和歌剧、喜剧和悲剧;其他如连环漫画和有视听元素的广告材料(同上)。这类文本由于语言使用较少,译者只需要采用“辅助”的方法,补充已经由另一种媒介表达的内容,为文字和上述三种基本功能辅以图像和音乐等。

四、依赖非语言元素的四大文本类型

Reiss提出的“多媒介型文本”这一称呼也有一定争议。“多媒体”或“多媒介"的词义本身与Reiss的"多媒介型文本"的实质并不完全吻合。"多媒体"(multimedia)一词曾被用来指多种媒介的综合运用，比如电视媒介和教学中使用的幻灯片，至20世纪90年代，又扩展到信息技术的各种媒介。而"多媒介型文本"实质就是以视听元素为主的听觉媒介型文本，并未涉及电脑、互联网等信息技术媒介。再者，Reiss列出的听觉媒介型或多媒介型文本类型种类繁多，存在混淆之处，所以Snell-Hornby(2006: 85)认为有必要细分，于是在此基础上提出四个标准术语，来描述依赖于语言之外的元素的四种不同类别的文本：

> (1) 多媒介文本(multimedial text)(常称为"视听型")，由技术媒介和(或)电子媒介传播，涉及视听元素，如影视材料、影视字幕或歌剧戏剧字幕。
>
> (2) 多模态文本(multimodal text)，涉及语言与语言之外表达的不同模式，也包括视听元素，如戏剧和歌剧。
>
> (3) 多符号文本(multisemiotic text)，采用不同的图示符号系统，包括语言与非语言成分，如连环漫画或印刷的广告。
>
> (4) 听觉媒介文本(audiomedial text)，以书面形式出现，用以口头表达，通过人的声音而非印刷的页面传达到最终的接受者，如政治演说、学术论文等。

Snell-Hornby的分类虽借用了Reiss的"听觉媒介文本"和"多媒介文本"两个术语，却涵盖不同的范畴。在Reiss的理论中，这两个词的本质是相同的，只不过后者增加了连环漫画类文本；而Snell-Hornby用这两个术语指代的是两种不同的类别。而且，Reiss的听觉媒介文本或多媒介文本涵盖了Snell-Hornby四种文本类型的内容。

Snell-Hornby的文本类型划分较详细，名称各有侧重："多媒介文本"侧重传播的媒介，尤其是视听媒介，如影视等；"多模态文本"侧重表达的模式，也涉及视听元素，如戏剧等；"多符号文本"重点为采用的图示符号系统，如连环漫画等；"听觉媒介文本"指的是为说而写、以说来传达的文本，如政治演说等。这样的分类也非泾渭分明，难免有重叠之处：难道多媒介文本就不能同时也是多模态的？例如歌剧，其唱词字幕属于多媒介文本，但歌剧本身作为一种表达形式，不也是涉及视听元素的多模态文本么？再如广告，印刷的广告因采用语言文字和不同图示符号系统，而被归入多符号文本一类，但当广告材料具有视听元素时（如语音广告或电视广告），不就变成了多媒介和多模态文本了吗？另外，政治演说是为说而进行的书面表达，属于听觉媒介文本，但如果在电视上发表演讲，并带有表演成分，难道仅仅涉及听觉元素，不也是多媒介或多模态的？不管怎样，这些文本均超出了语言的范畴，对于翻译是一种特殊挑战，而语言的作用将由文本的用途决定，这点得到了Remael的印证。Remael（2001：15）根据自己在电影剧本创作方面的研究，得出结论：在特定文本中，哪种模式支配其他模式，或要达到什么样的平衡，将由编写代码的人的目的和背景决定，也取决于该文本如何使用、在何处使用、通过什么媒介使用。

五、视听文本和多媒体文本

从翻译研究早期著作中可以看到，虽然各研究的重点各不相同，但都带有对书面文本或文学文本的明显倾向性，较少关注视听材料。但如今，研究者们却不得不面对越来越多的"视听文本"和"多媒体文本"，这是目前视听翻译领域普遍接受的文本名称。

（一）视听文本

"视听文本"（audiovisual text）与"视听翻译"的名称相对应。从广义来说，视听翻译包括了Gambier归纳的媒体中多种语言转换类型，如电影字幕翻译、同声字幕、多语言字幕、配音、口译、画外音、同声翻译以及歌剧戏剧字幕等的翻译（Veiga，2006：162）。此范围随后进一步扩大，指"对用任一媒体或格式来制作或后期制作的节目进行的所有翻译形式（或多符号转换），还包括无障碍传播的新研究领域，即为听障者进行的字幕翻译以及为视障者进行的影像描述"（Orero，2004：viii）。

Delabastita的研究表明,视听材料具有多媒体性质,结合了视觉和听觉渠道,包含了交际的语言和非语言的范畴,随之产生了定义视听文本的四大元素,为其符号学构架奠定了基础:

(1) 听觉-语言元素:对白、独白、歌曲、声音消减。

(2) 听觉-非语言元素:乐谱、音效、杂音。

(3) 视觉-非语言元素:图像、摄影照片、身体姿势。

(4) 视觉-语言元素:插页、标语、信件、电脑屏幕上的信息、报纸的大字标题。(Díaz Cintas, 2008: 2-3)

此类文本涵盖了Snell-Hornby的四种文本类型,但更注重结合视听两个元素的材料,而语言文字往往处于次要地位。

根据Williams和Chesterman(2004: 13)的分析,视听文本主要为口语文本,涵盖了广播或电视节目、电影、DVD、录像、歌剧、戏剧,通过重新配音(revoicing)或者通过配歌剧戏剧字幕或影视字幕的方式来翻译。重新配音时,用目标语的译文来替代原有的口语文本,而配歌剧戏剧字幕或影视字幕时,原有的口语文本和演唱文本得以保留,在屏幕上再添加书面的译文。

视听文本以口语文本为基础,通常要求用简洁直白的语言表述,因为这类通常在屏幕上放映的文本,一般在屏幕上出现的时间短,没有时间让观众"再次阅读"。而且和戏剧文本一样,视听文本要求制作逼真可信的口语文本,但源文本和交给剧团、配音棚或字幕机构的翻译都是书面文本,也就是说,"视听文本和戏剧文本是为说而写的文本,仿佛其并非书面的,而是自然说出的"(Bartrina & Espasa, 2005: 87)。所以,视听文本的口语化并非真正的口语化,而是伪装自然的、为讲出来而撰写的文本,这一点在配了音或字幕的文本中尤为明显。

视听文本还具有同步性(synchrony)或冗余性(redundancy)特征。Bartrina与Espasa(2005: 84)曾归纳了视听文本的两个主要特点,一是从视觉和听觉两个渠道接收,二是语言与非语言的信息同步。此同步性也可称为“冗余性”，意即“口语和书面语的信息与声音和图像同时传递”(2005：85)。”视听文本由于其特殊的传输模式，图像与文本同时输出，口述的、书面的和非语言文字之间或者符号之间相互作用，影响着翻译过程。

(二)多媒体文本

新的数字技术和媒介的出现(如互联网)带来新的交际形式，使国际交流产生深刻变化，视听翻译随之扩展到多媒体领域，因此也称为“多媒体翻译”(multimedia translation)。多媒体翻译涵盖了视听翻译的内容，也包括戏剧和歌剧的翻译，不仅如此，还添加了新的内容。多媒体翻译意味着信息传递通过众多媒介和渠道，所以涉及集通信业、互联网、传媒业和电子技术等于一身的信息与通讯技术产品的本地化和互联网产品的翻译，具体还包括电子游戏、网上交流、字幕组、配音组、网络动画等。以上均与多媒体活动有关，也是多符号文本的语言转换。

多媒体文本即多媒体翻译的材料，与其名称相对应。多媒体文本是信息代码和交际代码的结合，因为“多媒体”一词本身就是“把原本分割的不同类型信息代码(如书面文本、图画和数据)和交际代码(如视觉、语言或听觉以及二者兼有之)结合，并将之聚合于一种装置(如个人电脑)”(Wehn, 2001：65)。所以多媒体文本混合了文字、图像和声音，具有三维的超文本构架。

多媒体文本的一大特征是多重符号的聚合。多媒体翻译不能简单理解为用文字翻译多媒体信息的语言部分，这样就把语言部分与其他部分割裂开来。多媒体文本中的图像和声音成分是“意义”的组成部分，所以多媒体文本的“意义”是语言和非语言符号(如图片、声音、颜色和版式等)的总和，应该将其作为包括二者的完整单位来分析。因此，多媒体翻译中的“文本”一词不应局限于交际话语的语言部分，而是“应该代表某个交际场景中变得连贯的且构成一个不可分割的功能整体的所有交际话语”(Bartrina & Espasa, 2005：85)。这样的“文本”就把以不同方式互相从属的各种符号系统结合在了一起，而把语言置于多媒体交际的大环境中。所以，狭义的多媒体翻译是“在多媒体背景下对书面语或口语的翻译”，而在交际的背景下则理解为“一个涉及书面语或口语的多重符号转换”（Wehn, 2001: 70）。

多媒体文本的另一大特征是交互性，首先表现在其作为多重符号的聚合，各符号之间相互作用，完成意义的构建，如广告中语言符号与声音、图片以及版式之间相互作用，影视剧中音像与对白之间相互作用，而网页则通过超链接，使语言符号和音像、图片、图表以及其他网站等进行交互。多媒体文本的交互性还表现在接受者和文本之间能相互作用，如人与电脑、人与电影电视等媒介的交互，使用的媒介不同，行为也不同，交互程度各异。总而言之，多媒体文本的出现使翻译更注重信息的传递，而不是单纯以创作书面文本为目的，要求译者不仅具有语言读写能力，还要具有新的媒体读写能力，促使其必须考虑“文本”的多重符号范畴和多媒体产品的各种限制条件，以便更好地从事多媒体翻译。

六、结语

在囊括了视听元素和语言以外元素的更为广阔的文本概念基础上，翻译“不能仅仅被视作文本的转换，而成为需要考虑拥有众多符号的视听语言的一种多媒体活动”（Bartrina & Espasa, 2005: 97）。不仅“文本”概念在新的媒体交际环境中发生了变化，翻译研究的其他一些传统概念在视听翻译范畴中也面临挑战。例如，过去常被视为单个个体的“原作者”身份和作为单个系统符号的“意义”概念，随之又带来关于视听翻译的“翻译单位”“等值”“原著”“忠实”“可接受性”“可读性”等概念的重新解读。这些概念在视听翻译背景下，变得多媒体化，更关注语言代码外的其他代码，需要考虑传播媒介和渠道、交际模式、交互性等传统翻译概念未涉及或未深入的众多方面。从这些术语的革新来看，“翻译”已经发展为一个更灵活、更具包容性的概念，摆脱了新的媒介出现之前的一些概念的束缚，能够包容新的现实，保持了一种开放和宽容的态度，使翻译研究能吸收翻译领域的新发展，迎接新的挑战。

注释：

* Katharina Reiss在与H. Vermeer的合著中（Reiss & Vermeer，1984：211），将听觉媒介型文本改为多媒介型文本，一说是在Bernd Spillner的建议下改名（Snell-Hornby，2006：84）。

1.3 改编与视听翻译

一、改编的概念

改编这种活动“一直存在”,是“任何智力活动的‘常见’部分”(Bastin, 2009: 3)。作为一种极为自由的翻译,改编也涵盖了其他一些模糊的概念,如挪用(appropriation)、归化(domestication)、拟作(imitation)和改写(rewriting)等。许多翻译学者一直排斥改编,把这种形式看作一种“扭曲”、“篡改”或者“审查”(同上)。俄裔美国作家Vladimir Nabokov把翻译仅仅视作“直译”,在他看来,译者的任务只有一个,即“把整个文本,仅仅是文本,绝对精确地再现”,由此否定了包括改编在内的其他翻译形式,认为“任何不是真正译本的东西就是拟作、改编或者拙劣的模仿作品”(Nabokov, 2000: 77)。英国诗人John Dryden曾提出包括拟作在内的翻译三分法,但他本人却建议避免采用拟作,认为拟作把源文本当作“写作的模版,假设原作者生活在译者自己的时代和国度……”,虽凸显了译者自己,却“万分愧对已故作者的印象和声誉……”(Munday, 2001: 25)。

改编一直饱受争议,毕竟传统翻译概念基于书面文本,严格限制了改编的用途,使之仅用于诗歌、戏剧和部分文学作品。随后,翻译跨越了语言的界限,扩展到视听和多媒体领域,对改编的理解和应用也相应发生变化,译界越来越接受改编译法。在此背景下,有必要重新审视改编译法,探讨在视听翻译这一新兴领域,改编与视听翻译的关系,以及视听翻译的一些常见模式中改编的具体表现和应用。

二、改编与翻译

改编虽为译界常用概念,却很少有清楚明了的定义。原因之一,“改编”与“翻译”概念共生，而“翻译”本身的定义就五花八门；再者，二者之间的界限为译界长期争论的焦点。对于改编是否属于翻译这个问题，翻译学者各持己见。作者认为，改编是翻译的一种类型，即使从传统的翻译概念角度看，这点也能得到印证。

Peter Newmark是较早把改编归入翻译的学者。他曾指出，翻译的中心问题是：翻得直白些，还是自由些？于是提出了一个宽泛的翻译概念，不仅包含这两个极端，还涵盖了二者之间的各种书面翻译类型，可以用一个V形平面图（见表3）来说明侧重点和自由度不同的各种翻译形式（Newmark，2005：45）。

表3 翻译的概念

侧重源语	侧重目标语
字对字翻译	**改编**
直译	意译
忠实的翻译	地道的翻译
语义翻译	交际翻译

如表3所示，Newmark（2005：46）认为，改编（黑体标出）是侧重目标语的“最自由”的翻译形式，主要用于戏剧和诗歌，尤其是喜剧，通常保留主题、角色和情节，但将源语文化转换为译入语文化，同时改写文本。西班牙维克大学教授Maria González Davies也曾给改编下定义，认为改编是“一种源文本和目标文本之间具有松散对等的面向用户的翻译，包含了源文本文化和目标文本文化间的转变（常出现在戏剧和诗歌的翻译中）”（González Davies，2004：227）。二人对改编的理解有共识，从中可以归纳出改编的特征（见表4）。

表4 改编的特征

（1）**本质**	改编是翻译的一种类型
（2）**形式**	对等松散，形式最自由
（3）**侧重点**	侧重目标语或接受者

续表

(4) **方法**	保留主题、情节和角色,改变文化方面,将源语文化转换为译入语文化,并改写文本
(5) **适用范围**	主要用于戏剧和诗歌,尤其是喜剧

在此框架下,改编与翻译的界限更加模糊不清。Susan Bassnett就反对区分戏剧翻译是“翻译版”,还是“改编版”,或是“大杂烩”,认为这样的讨论毫无意义,是“误区”。她说道,“源语文本的‘翻译版’和‘改编版’之间的区别,在我看来完全是误区。应该抛开这些误导人的词汇了”(Bassnett, 1985: 93)。

另一些学者从功能角度出发,也把改编纳入翻译的范畴。德国翻译家Christiane Nord甚至主张弃用“改编”这个词,认为“翻译”概念可以包容所有转换或者干预的类型,甚至预期的目标文本功能与源文本功能是否相同并不重要,只要“目标文本的效果与预期的目标文本的功能一致”(Nord, 1997: 93)。改编代表了某种转换和干预,满足这一条件,属于翻译的范畴。Gideon Toury曾给出最宽泛的翻译定义:译本即被接受为译本之物(Snell-Hornby, 2006: 156)。此定义包罗万象,容纳了改编和其他传统上排除在翻译之外的现象。为显示翻译与改编密不可分,来自魁北克的诗人兼译者Michel Garneau甚至创造了一个新词tradaptation(译编)(Bastin, 2009)。

三、改编与视听翻译

(一)视听翻译的范畴

视听翻译是翻译研究的新类别,把翻译的疆界扩展到视听范畴,为翻译研究揭开了新篇章。视听翻译本身也经历了逐步发展的过程,从最初的影视翻译到屏幕翻译,再到视听翻译和多媒体翻译。

早期的影视翻译涉及电影和电视,之后屏幕翻译还包括录像、光盘、DVD这些在屏幕上放映的产品,故得其名。视听翻译则超出了屏幕媒介的限制，采用视听元素相结合的二维传播模式，包括了芬兰学者 Yves Gambier所归纳的媒体中多语种转换类型：电影字幕、同声字幕、多语种字幕、配音、口译、画外音、同声传译以及歌剧戏剧字幕等（Veiga, 2006: 162）。此外，多媒体翻译概念主要涉及信息与交际技术产品的本地化、互联网产品的翻译，如软件和游戏的本地化、业余爱好者组织的字幕组、配音组等。到目前为止，视听翻译覆盖范畴最广的定义为：对用任一媒体或格式来制作或后期制作的节目进行的所有翻译形式（或多符号转换），还包括无障碍传播这个新研究领域（Orero, 2004: viii）。

（二）视听翻译的本质

无论从翻译的对象和内容，还是从技术上，视听翻译都到达了翻译的边界，是最自由的翻译形式，其本质是改编。

1.视听翻译的新文本类型

传统翻译概念指出，"翻译是将文本从一种语言转换成另一种语言"（Bassnett,2007: 23）。视听翻译从对象和内容方面对此提出了挑战，拓展了"文本"的概念，超越了语言符号的范畴。

首先，视听翻译的文本，称为"视听文本"，融合了视听元素，是一种新文本类型。早期翻译研究均针对书面的或者文学的文本，视听翻译则扩大了"文本"的疆界，将其从语言要素扩展到语言以外的元素，涉及不同的符号系统，结合了视觉和听觉两个渠道。视听文本有四大构成元素：听觉-非语言元素（如乐曲）、听觉-语言元素（如对白）、视觉-非语言元素（如图像）、视觉-语言元素（如插页）（Díaz Cintas, 2008）。Mary Snell-Hornby也提出了类似的依赖非语言元素的四种文本，即多媒介文本、多模态文本、多符号文本和听觉媒介文本，包括了影视、戏剧、连环漫画、政治演说等的翻译（Snell-Hornby, 2006）。在多媒体翻译中，文本还添加了三维的超文本构架和交互性特征。

其次，视听翻译超越了语言符号的范畴，包含了语言和非语言元素、不同的图示符号系统和代码，这意味着不仅要翻译语言，也要"翻译"图像等,语言的作用取决于文本的用途。以Roman Jakobson的翻译三分法来看,语际翻译(interlingual translation)是"用另一种语言来解释某种语言符号",而视听翻译讨论的现象超越了语际翻译范畴,属于符际翻译(intersemiotic translation)或变形(transmutation),即"用非语言符号系统的符号来解释语言符号"(Jakobson, 1959/2000: 114)。如Snell-Hornby(2006)所说,符际翻译是多媒介和多模态转换中的构成元素,包括了电脑软件的本地化、戏剧和影视翻译。

综上所述,视听翻译拓展了书面文本,融合了视听元素,包含语言符号、图示符号系统、代码、图像、音效等,形成自成一派的视听文本。这些视听翻译的要素超越了严格意义上"将文本从一种语言转换成另一种语言"的翻译概念。如果以广义的翻译概念而论,无论是文本还是语言,皆处于翻译概念最边缘最自由的位置,一般归入改编的范畴。从这个意义上来说,视听翻译的本质是改编,而非严格意义上的翻译。

2.技术的限制

比利时学者Aline Remael曾指出,某个文本中,哪种模式支配其他模式,或者要达到何种平衡,取决于符号编写者的目的和背景,也取决于该文本如何使用,在何处用,以何种媒介使用(Remael, 2001: 15)。由于有符号和媒介等方面的要求,视听翻译要受到技术的限制,这也在某种程度上决定了视听翻译的改编性质。以视听翻译的模式之一——歌剧字幕翻译为例,在歌剧中,音乐对文本有限制作用,音乐不能变动,一定程度上限制了可用的语言,所以歌剧字幕翻译必须改编歌剧剧本,以满足现场表演的需要。

再以配音为例,视听翻译模式中,配音是改编最多的模式。技术方面,配音主要受"同步"(synchrony)所限,也就是传统意义上的"对口型"(lip-sync)[1]。"同步"要求完成翻译的连续镜头必须与原话序列的时长相等,而且在显示演员脸部时,对白要与任何可见的嘴唇动作一致。如果声画不同步,观众必然难以适应。所以,为了让对白能对上口型,改编的幅度很大，配音团队对语言、文化、技术的细枝末节都力求完美。

再者，由于配音的性质和观众的局限性，也允许配音具有较高的改编程度。从本质上说，配音是一种“隐性翻译”(covert translation)。隐性翻译指在译文中再现源文本的文本目的，通过生成与源文本功能对等的文本，来隐藏其翻译文本的本质(House, 1986)。配音版的声音替代了原版影片中演员的声音，配音版的对白与原版的口型也一致，这样一来，目标观众误以为屏幕上的演员和自己说同种语言，以为译文就是原文。由于观众听不到原声，无法判断配音版与原版在语义内容上是否一致，即使二者差别很大，只要口型一致，观众也很难觉察，所以配音一般不会因改编幅度大而遭受非议。如上所述，视听翻译普遍受到技术的限制，某种程度上决定了改编为视听翻译之必然，而非单纯将一种语言直接转换成另一种语言。

(三)视听翻译中的改编概念

在视听翻译领域，改编这一概念变得更加宽泛，也更模糊，所涵盖的形式和做法更加多样，不仅可以用作“翻译”和“改写”等的同义词，还可以包含某些跨媒体叙事和大多数视听翻译模式，甚至可以作为“跨媒体叙事”和“本地化”的同义词(Chaume, 2018: 98)。除了以上提到的常见视听翻译模式如字幕翻译和配音，因其对最终成品进行的操控和所涉及的无数起作用的元素，而将其纳入改编的范畴，还有改变格式与版本的改编类型，如从莎士比亚的原版戏剧到同一出戏剧的电影剧本、小说改编成电影等，以其他格式制作某作品的不同版本(同上)。除Newmark(2005)的包含改编在内的翻译概念V型平面图外，Hutcheon(2006)也描绘了一个可以用在视听翻译领域的连续统一体，一端是翻译作品，是对原作保持最高忠实度的一端，而另一端则是改编的范畴，包含了视听节目的衍生作品、续集、前传之类，这样就把跨媒体叙事的衍生作品纳入了改编范畴。

视听翻译领域的改编类型甚至还容纳了翻拍片或重拍片(remakes)，尤其是跨国翻拍片，这种转换类型以及任何类型的格式改编已非“文化均质化的单一且单向的过程，而是一个填隙式过程，各种文化之间互相借鉴和交互”(Perkins & Verevis, 2015: 677)，所以有时也将之称为“文化翻译”(cultural translation)，用到“翻译”一词，同时也强调其文化成分(Chaume, 2018: 99)。

四、改编在视听翻译中的表现

视听翻译在本质上属于改编，这种改编译法具体表现在其作为视听翻译的步骤和技巧这两个方面。

(一)改编作为步骤

鉴于视听翻译的特殊性，以及受到的语言和技术限制，改编是其一个重要步骤，应用于诸多视听翻译模式中，如电影字幕、配音、画外音，以及歌剧、戏剧字幕等。例如歌剧，为了现场表演，歌剧字幕翻译必须先改编歌剧剧本。与之类似，考虑到字幕在屏幕上的显示时长要与镜头的转换一致，字幕翻译也常进行改编。配音是采用改编步骤最为显著的模式。比起其他模式，配音更加耗时，主要原因是语言改编过程费时。例如，同配音相比，与之相似的画外音模式耗时较少，不需要演员来扮演各个受访者的角色。字幕翻译也做得比较快，在欧美国家，大多数情况下，新闻的字幕翻译可以在播放新闻快报前几分钟完成；如果是影视剧，比如一部美国连续剧的某一集出口到欧洲的某个电视台，从到达该国到完成字幕、准备好在电视台播出，仅需几个小时(Tveit, 2009:95)。反观配音，仅语言改编就要花上几周时间，还牵涉大量人员，既要改编对白，又要为配音演员预留时间，演练角色，录音也需要时间。

相比其他视听翻译模式，配音的改编程度最高，改编过程最复杂，是“一个根据文化、语言和技术的限制对本地化的剧本进行改编的漫长而复杂的过程”(Gouadec, 2007: 53)。此处以配音为例，说明其改编的步骤。法国雷恩大学教授Daniel Gouadec列出配音的二十八个详细步骤，从发行商购买外语版的制作版权、招聘配音主管或配音导演开始，一直到制作最终拷贝为止，纵观整个过程，改编如影随形，出现在多个步骤中（Gouadec，2007：50-53）。

首先，配音导演组建团队，要求在文本检查、改编、转写、演员日程安排、录音、混音等阶段，各配备一名专家。整个配音团队包括：配音经理、译者、改编者、录音师、演员和其他人员。这说明早在组建团队时，就考虑到改编和所需要的专业人士。

改编阶段的具体步骤如下：(1)接收材料。配音导演收到剧本，但这个剧本由“普通”译者翻译，没有考虑同步，只需忠实地翻译原作，是个粗略的直译版本，并非配音版，只负责为后者提供素材。(2)改编译文。配音团队对该译文进行改编，以满足电影情景和同步的要求，再转换成口型一致的对白。对口型时，口音和讲话节奏、目标语言和语言行为的特色，都要与原版中肢体语言和表述一致。改编者与译者时常碰面，审阅译文和改编文本，大声朗读译文和对白，还要反复检查、修改，直到对白自然，与动作和角色完美契合。

即使到录音阶段，也在进行改编。一部影片角色众多，对白更是数量庞大，因此录音阶段分工复杂。配音演员边观看原版，边录制对白，效果满意就切换下一个镜头，如果不满意，录音经理就要指导配音演员，甚至修改对白，重新录制，直至效果满意。这个改编过程一直持续到完成最终拷贝。改编这个步骤也出现在其他视听翻译模式中，只不过程度各有不同，而配音不仅改编程度最高，也是最常见的一种视听翻译模式。

(二)改编作为技巧

1.改编的技巧

改编也可以作为一种局部翻译技巧，主要用于处理源文本和目标文本在语言或文化方面的差异，尤其是情景或文化方面的不恰当之处。Jean-Paul Vinay 和 Jean Darbelnet 曾对这种改编技巧有过论述，列举了七种翻译方法，其中改编译法“达到了翻译的极限”：

> 源语中提到某些情景类型，而在目标语文化中比较陌生，改编便用在这种情况。译者必须创造出对等的新情景。因此改编可以被描述为一种特殊的对等，一种情景对等（Vinay & Darbelnet，2000：90）。

如果原文提到的背景或者源语文化的某种情景，在目标文化中不存在或不合适，改编要求根据目标文化习俗，调整内容，进行某种形式的再创造，变更文化参照物，毕竟源语观众熟悉的东西，对于目标观众可能不知所云。以一个经典的同声传译为例：某个情景提到一种非常受欢迎的运动，口译员把英文的“板球运动”译成法语的“环法自行车比赛”，二者的文化内涵相同，皆为各自国家的一种非常受欢迎的运动，只是文化参照物不同。

Martínez Sierra把改编当作视听翻译过程中所采用的一种技巧，把源文本的某个文化特征变成目标文本的某个文化特征或者变成另一个众所周知的源文本特征（Chaume，2018：99）。波兰翻译学教授Tomaszkiewicz特别针对电影字幕翻译，提出了包括改编在内的八种翻译策略，即省略、直译、借译、对等、改编、用指示词替代文化词汇、概括、明晰化（Pettit，2009）。这些翻译策略可以用于视听翻译的不同模式，但不同模式对各策略的侧重不同，可能会同时用到好几种策略。改编策略要求调整译文，使之符合目标语言文化，产生与原作相似的内涵意义和功能，也可看作某种形式的对等。

仅就改编策略而言，Georges Bastin就归纳出七个改编步骤（2009：4-5）：

（1）**转写原文**：用原文的语言，重新改写部分原文，通常附带一个直译本。

（2）**省略**：删掉部分文本或使之变得模糊。

（3）**扩展**：无论正文或前言、脚注或术语表中，添加原信息或使其更清楚明了。

(4) **替代异国情调**:用目标语的大致对等物来替代原文中的俚语、方言、无意义的词等(有时以斜体或下画线标注)。

(5) **更新**:用现代的对等物来替代过时或含糊的信息。

(6) **使情景或文化恰当**:放弃原作的背景,重新创造目标读者更熟悉或在文化上更合适的背景。

(7) **创新**:用新文本全面替代原文,只保留原作的必要信息、观点或者功能。

以上步骤根据具体的视听模式、翻译目的和会话场景各有取舍,其中替代异国情调、更新、使情景或文化恰当这几个步骤与文化息息相关,经常使用,例如Tomaszkiewicz讨论的就是特有的文化词汇的翻译。

2.改编技巧的应用

视听翻译的两种主要模式为字幕翻译和配音,二者各有特征,所受限制不同,如翻译时限、媒介的制约、两种语言是否同时出现、翻译目的等。因此,二者采用的翻译策略有所不同,但同样面临文化因素问题,与每种语言文化特有的符号代码相关,所以皆在一定程度上使用了改编技巧,对这些特有符号代码的指示意义和内涵意义进行适当改编,以满足各自目标观众的需要。现以配音与字幕翻译为例,说明改编技巧的应用。

Zoë Pettit研究英语影片译入法语,探讨一些文化转换场景中字幕和配音译者如何采用改编技巧,使字幕更贴近目标文化,也让配音版的对白更法国化。如以下例子,选自美国影片《生命中不能承受的烟》(又译为《烟》)(*Smoke*, 1995)[2](Pettit, 2009: 46):

例1

英语原版	法语字幕版	法语配音版
The slumber party is over. (留宿晚会已经结束。)	*La partie de ronflette* est finie. (打瞌睡时间已经结束。)	*La partie de ronflette* est terminée. (打瞌睡时间已经到头了。)

影片故事围绕几个人物的生活展开，几人因纽约布鲁克林街头的一家小烟店而结缘，探讨了复杂的人生故事和人伦亲情的可贵。影片中，失意作家保罗对朋友拉希德说了以上这句话。原版中，“the slumber party”是英语的文化符号，原指“留宿晚会”，即专为十几岁女孩举行、在主人家过夜的晚会。法语文化中并没有这种活动，因此，配字幕和配音的法语版都采用了改编法，出现了“la partie de ronflette”这个法语词，意即“打鼾的时候”或者“打瞌睡时间”。保罗借此唤醒拉希德，同时也表达了微妙的打趣之意。此处用目标语中的大致对等物来替代原文，在文化上更加恰当。

以下例子选自美国影片《阿甘正传》（*Forrest Gump*, 1994）[3]，在西班牙语配音版中也采用了改编法来处理一些文化特征（Hurtado de Mendoza Azaola, 2009: 79-80）：

例2

英语原版	西班牙语配音版
Famouser even than *Captain Kangaroo.* （甚至比**袋鼠船长**还出名。）	Más famoso incluso que *Pinocho.* （甚至比**匹诺曹**还出名。）

影片描述了有些智障却极富奔跑天分的主人公阿甘一生中的几段时期，其见证甚至影响了20世纪后半叶美国社会的重大事件。影片中，阿甘谈到自己的时候，说自己甚至比“袋鼠船长”（Captain Kangaroo）还出名。《袋鼠船长》（*Captain Kangaroo*, 1955—1992）[4]是美国放映时间最长（约30年）、全国联播的儿童电视节目，主人公被称为“袋鼠”，得名于外衣上有个大口袋，像袋鼠一样。如果在西班牙语中保留这个形象，观众会迷惑不解，毕竟此社会文化典故仅限于美国文化，而西班牙观众看不到背后的文化符号，也体会不到其中蕴含的幽默。因此，西班牙语配音版采用了改编法，用《木偶奇遇记》（*The Adventures of Pinocchio*, 1940）[5]中的“匹诺曹”（*Pinocchio*或西班牙语*Pinocho*）来替代，这是一个在世界范围内几乎家喻户晓的人物，观众理解起来毫不费劲，同时也保留了阿甘将自身名望与一

个儿童角色相提并论所带来的幽默。这种译法改变了原版的文化参照物，而新的文化参照物更为观众所熟悉。

再以动画电影《马达加斯加3：欧洲通辑犯》(*Madagascar* 3: *Europe's Most Wanted*, 2012)[6]为例，说明字幕翻译中的改编，该片由长影译制中文字幕：

例3

英语原版	中文字幕版
I say we let it ride. Then we'll pick up the *hippies* And fly back to New York in style.	继续下注没商量 去接动物团的**星哥星姐**回纽约

故事讲述四个动物伙伴逃出非洲后，历经艰险回到纽约的故事。剧中打算施以援手的企鹅如此说道。英文"hippies"指西方国家20世纪60—70年代的嬉皮士，一群年轻人过着公社式的流浪生活，他们穿着前卫，反抗习俗、传统价值观和当时的政治。这个特定社会历史阶段出现的人群，是个具有西方文化特征的符号，在中国文化中并不存在，即使在字幕中大费周章地解释其时代背景和符号意义，国内观众也未必能理解。考虑到该词仅仅指那四个想回纽约的动物伙伴，同时也透露出企鹅的不屑和嘲讽之意，中文字幕采用了改编，用"动物团的星哥星姐"来替代"嬉皮士"这个概念，同时也传达了原文"时髦、成功"(in style)的意思，由此联想到明星出场，大摇大摆，风光无限。

视听翻译中，改编技巧的使用主要涉及文化特征。民族间的习俗传统各不相同，某些文化符号为一种文化特有，并不存在于另一种文化，或者同一词在两种文化中意思截然不同，也有可能同一习语在说同种语言的不同国家的内涵意义不同，诸如此类的情况都适合采用改编译法，在视听翻译中频频使用。

五、结语

相较其他翻译领域,改编在视听翻译中应用甚广。近年来,国内的视听翻译领域,尤其是电影的字幕翻译和配音,改编的趋势越来越明显,频频出现改编过度的情形,饱受争议。改编并非可以随心所欲,也受到某些限制,如目标读者的知识和预期;目标语的限制:必须在目标语范围内寻找能匹配源文本的语篇类型,探索改编模式的连贯性;源文本的限制:为潜在的观众着想,考虑源文本应该包含多少新信息和共享信息,必须评估这个度;最后还要受到源文本和目标文本的意义和目的的限制(Bastin, 2009)。

国内电影市场繁荣,视听翻译越来越受到重视。2012年,全国电影总票房再创新高,达到170.73亿元,同年中美电影新政实施,美国进口大片增加14部[7]。此新形势下,视听翻译面临更大的压力,必须应对一系列问题,如电影的字幕翻译和配音应该采用什么标准、改编到什么程度合适等,都值得进一步探讨,也迫切需要解决。

注释:

1. Whitman-Linsen(1992: 19)把同步划分得更详细具体,分为视觉同步(*visual/optical synchrony*)、听觉同步(*audio/acoustic synchrony*)和内容同步(*content synchrony*)。
2. 《生命中不能承受的烟》(又译为《烟》)(*Smoke*, 1995),美国影片,主要讲述三个身份和生活环境迥异的人物,一位雪茄店老板、一位失意作家和一个黑人男孩,通过三人的生活探讨了种族、代沟、亲情和责任等社会中普遍存在的问题。本片由王颖和Paul Auster共同执导。
3. 《阿甘正传》(*Forrest Gump*, 1994),改编自美国作家Winston Groom(1944—2020)于1986年出版的同名小说,讲述了智商较低的阿甘如何凭借纯真善良和坚持不懈的精神,在非凡时代背景下历经的非凡人生旅程,从童年备受欺凌,到成为越战英雄、成功的企业家,展现了美国社会的许多重大历史事件。该片由Robert Zemeckis执导。

4.《袋鼠船长》(*Captain Kangaroo*，1955—1992)，美国动画片，由Bob Keeshan主持的寓教于乐的儿童电视节目，因其穿着有大口袋的宽大外套，类似袋鼠的育儿袋而得名“袋鼠船长”。

5.《木偶奇遇记》(*The Adventures of Pinocchio*，1940)是意大利作家Carlo Collodi于1880年创作的童话，讲述木偶匹诺曹(*Pinocchio*)经过一系列冒险经历成为真正男孩的故事。该作品于1940年被迪斯尼公司改编为动画电影，风靡全球。

6.《马达加斯加》(*Madagascar*)是2005年的一部美国动画电影，第二部《马达加斯加2：逃往非洲》(*Madagascar* 2：*Escape Africa*)于2008年上映，第三部《马达加斯加3：欧洲通缉犯》(*Madagascar* 3：*Europe's Most Wanted*)于2012年上映，第四部《马达加斯加4》(*Madagascar* 4)预定2025年上映。前三部由Eric Darnell执导，第四部由Eric Darnell担任编剧，Tom McGrath担任导演。《马达加斯加3：欧洲通辑犯》讲述四个好伙伴逃出非洲后，迫切想要回到纽约，却阴差阳错加入了一个欧洲巡演马戏团周游欧洲的故事。

7. 中国电影票房2012年收获170亿，十年增长18.5倍领跑世界［EB/OL］参见：财经频道·央广网(获取时间2013年1月29日)。

第二章　视听翻译模式研究

2.1 视听翻译模式类型

一、视听翻译模式的基本概念

(一)模式的概念

视听翻译的“模式”(mode、modality或scape)在视听翻译文献资料中常常与“媒体”(media)等概念混淆。“模式”指“创建多模态文本的每种听觉与视觉符号类型”,其英文名称主要视学者的偏好和特定语境而定;而“媒体”指的是“为了让观众的感官接收到多模态文本中的符号资源所需的物质手段(如屏幕、扩音器)”(Pérez-González, 2014: 310)。据此定义,“媒体”概念涵盖的要素有多模态文本、符号资源、感官接收、物质手段,除了屏幕和扩音器,也包含电影、电视、电台、电脑等物质手段。“模式”与“媒体”的相同点都是探讨多模态文本,为了简化区分,“模式”侧重于符号类型,而“媒体”侧重于物质手段。

与二者密切相关的另外两个概念“多模态”(multimodality)与“多媒体”(multimediality)也展现出类似的差异。“多模态”指“说和写、视像与音乐在各类文本(包括视听文本)中的结合”;而“多媒体”则指“为了让观众的感官接收到视听文本所需的各种媒体的结合”(Pérez-González, 2014: 311)。顾名思义,“多模态”指各种模态(如说、写、视像、音乐)的结合,“多媒体”指各种媒体(如电影、电视、电脑)的结合。

在视听翻译领域,还有“模式”的一些其他表达方式(见表5)。这些表达方式在特定语境下几乎等同于“模式”,只是侧重点有所不同或者为了避免受到某种限制,如“活动”或“服务”的称谓在本地化和无障碍传播方面使用更多,主要是由于:这些新兴的视听翻译模式是否属于严格意义上的翻译这一问题争议较大,毕竟在某些方面,这些模式已经突破了传统翻译的范畴——即使仍然保留了翻译的部分特征。总的来说,这些名称在特定条件下可以作为"模式"的近义词与之互换使用。

表5 视听翻译模式的其他表达方式

中文	英文
翻译方法	translation approaches
翻译类型	types
种类	categories
转换形式	forms of transfer
视听翻译形式	forms of AVT
交流方式	ways of communicating
活动或做法(如本地化活动)	practices or activities (e.g. localization practices)
服务(如无障碍服务)	services (e.g. access or accessibility services)
专业实作	professional realities
概念	concepts
渠道	avenues
格式	formats

(二)视听材料

1.视听材料名称

视听翻译模式与视听翻译材料类型这两个概念也常被混淆。对视听材料的称呼在业界和学界也没有统一:有称为"类型"(genres)(如类型与节目)、"领域"(domains)等,也有从行业或市场角度,把视听翻译材料视作"产品"(products)(如视听或多媒体产品、多模态媒体产品)或者"制作"(productions)(如视听制作)。从翻译角度或者学术角度,更多把视听翻译材料视作"文本"(text),例如视听文本、视听源文本、听觉-媒介型文本、多媒体文本、多模态文本、屏幕中介型文本、基于屏幕型文本,或仅仅理解为源文本概念。其他视听翻译材料的称呼还包括视听节目(audiovisual programme)、内容(content)、材料(material)、文化制品(cultural artefact)、实证材料(empirical material)等。

2.视听材料种类

视听翻译材料的称呼五花八门,暗示其种类也不单一。视听翻译材料首先是电影,因为视听翻译本身起源于电影,最初是为了促进电影的国际传播,把本土电影译成外语,或把外国电影译为本族语,虽然之后材料类型大幅增加,但电影仍然是主要的视听翻译材料种类,而电影本身也种类繁多,有故事片、短片、文艺片、动画电影、音乐片、纪录片等。与电影同等重要的是电视,也是一种主要的视听翻译材料,包括各种电视节目,如电视剧集、情景喜剧、烹饪和房地产节目、实地拍摄的文献电视片,还有新闻和其他一些视频,例如教育视频节目、音乐视频剪辑。这里讨论的电影和电视指其播映的内容,而非所用的媒体手段。

视听翻译材料的另一类是广告,广告本身种类也多,有汽车广告等商业广告、选举广告、企业宣传片等。互联网或网站与电子游戏也是主要视听翻译材料,二者常常列在一起,因为均涉及一种视听翻译模式,即本地化,本地化的主要对象为网页、网站、电子游戏和电脑软件等。

戏剧是否是视听翻译材料,这是个有争议的问题,源自戏剧翻译是否属于视听翻译的争议,核心问题是戏剧翻译是只翻译台词,还是包括台词在内的其他内容。有的学者侧重台词的翻译,有的则把戏剧(悲剧和喜剧)、歌剧或现场表演当作一个整体来谈翻译(Reiss, 2004; Perego & Pacinotti, 2020; Bogucki & Díaz-Cintas, 2020)。如果不是把戏剧翻译看作传统的书面翻译,仅翻译戏剧台词,而是把戏剧作为完整的舞台作品,考虑为说而译、为唱而译、为表演而译,把所有舞台表演、布景、光影、音效等视为翻译元素,那么戏剧翻译就可以纳入视听翻译的范畴,因而戏剧也可算作视听翻译材料。

除以上主要的视听翻译材料类型,另外有一些比较传统但使用较少的材料，也都涉及视觉与听觉的输入，例如广播演讲、视频会议、寓教于乐的产品、采访、专题调查等，这些都利用视听媒体展示，比如电视采访、专题调查的电视新闻。

3.视听材料类型的变化

视听翻译的材料近来发生了一些变化，体现在材料数量、类型和展示平台上，对视听翻译模式产生较大影响。与纸质资料相比，视听材料的数量增长迅速。根据数据所示，网络上的视听材料占世界所有互联网交际量的80%，这个数据Bogucki与Díaz-Cintas(2020: 15)用“令人吃惊”一词来形容，足见数量之多，超出预期。

视听翻译材料覆盖了从电影到其他各种各样以屏幕为中介的文本类型，从早期的电影、电视、录像，到戏剧、歌剧、现场表演、艺术作品、光盘和DVD等视听产品，这些类型的变化体现在像“电影翻译”“屏幕翻译”等可互相替代的术语上，同时视听翻译研究也反映了这种变化趋势(Pérez-González, 2014; Perego & Pacinotti, 2020)。过去20~30年的一个显著变化是，视听翻译突破了故事片与故事类电视节目的范畴，包含了无数各种各样的材料类型，带来全球从未有过的数字视频消费的增长。加上新技术的发展，特别是视听与通信技术，涌现了一些新的视听翻译材料类型，例如手机界面、软件应用界面、电子游戏、网站、3D技术等，强化了视听翻译的源文本概念。

视听材料的一大变化趋势是用户自制内容的增多，正如Bogucki与Díaz-Cintas(2020: 30)指出，决定视听翻译未来的三个流行语是“用户自制材料”“配音”和“技术”。通过社交媒体的网络视频活动，以及在“油管”(YouTube)或“B站”(Bilibili)这样的平台上用户自制内容的涌现，会持续构建人们的交流方式，并普及新的交流方式，例如油管上某些用户和网红，在互联网上有成百上千万的粉丝，通常从广告的访问点击量上获得收益，而视听翻译的字幕翻译与配音模式能助其大幅度增加点击量，使其自制内容大幅增长并流行(Bogucki & Díaz-Cintas, 2020)。

不仅视听材料的类型有了改变,视听材料的展示平台也发生了变化,出现了一些新的平台和媒体,如视频点播平台(video-on-demand, VOD),著名的有奈飞(也称"网飞")公司(Netflix)、葫芦网(Hulu)、亚马逊Prime(Amazon Prime),致力于为全球提供服务,还有互联网电视(over-the-top, OTT)媒体服务等。这些新的平台和媒体为视听翻译带来重大影响,一方面使这个领域的翻译活动空前活跃,另一方面推动视听翻译的配音与画外音模式进入前所未有的兴盛阶段,正如Bogucki与Díaz-Cintas(2020: 16)评论道,"之前视听翻译从未在我们的各种屏幕上显得如此重要和瞩目"。

(三)视听翻译模式与视听材料类型

视听材料的多样性不容置疑,造成了一定的影响。其一,五花八门的材料类型确实是存在于这个领域的行业现实。这使得清楚界定该领域的范畴变得更加困难。其二,多样化的材料类型使视听翻译能容纳更多新的翻译做法和交际方式,正如Bogucki与Díaz-Cintas(2020: 15)所说:"21世纪的交际是多模态和多媒体的,最大限度开发了声音所提供的潜能",但同时也存在削弱视听翻译其"翻译"本质的风险。其三,视听翻译材料的种类及其变化也会影响视听翻译的模式。

视听材料或称为视听翻译的源文本类型与视听翻译模式之间有一定关联。换句话说,某种材料只能或者主要采用某一种或几种模式,例如院线电影多采用字幕翻译与配音模式;另外,某种翻译模式只适用于某一种或几种视听材料,例如画外音模式多用于纪录片,歌剧戏剧字幕翻译仅用于歌剧与戏剧。视听材料类型与视听翻译模式二者之间一般是一对多的关系,也有例外情况。具体如表6所示几种模式与材料类型的匹配。

表6 视听翻译模式与材料类型的匹配

视听翻译模式	视听材料类型
字幕翻译	影视作品、纪录片、视频、电子游戏
配音	影视作品、纪录片、视频、电子游戏

续表

视听翻译模式	视听材料类型
画外音	纪录片、电视节目、访谈节目、直播节目
本地化	电子游戏、网站、网页、软件
歌剧戏剧字幕翻译	歌剧、戏剧
无障碍传播	影视作品、电子游戏、歌剧、戏剧、博物馆
手语口译	新闻简报、直播节目
口译	新闻报道、现场采访
自由解说	儿童电视节目、纪录片、搞笑视频、滑稽模仿电影、企业宣传片
同步翻译或视译	电影节参展影片、电影存档

很多时候，视听翻译模式与材料或文本类型并非是完整对应的关系，只是视听源文本的某部分与特定视听翻译模式相关，这取决于信息传递的渠道、传输的符号和具体的元素，表7列示了视听源文本的哪一部分通常与哪种视听翻译类型或模式对应（Perego & Pacinotti，2020：36）。

表7　视听文本元素与相关视听翻译类型

<table>
<tr><th>渠道</th><th>符号</th><th>元素</th><th colspan="3">视听翻译类型</th></tr>
<tr><td rowspan="2">听觉渠道</td><td>语言</td><td>对白
歌词
背景声音</td><td rowspan="2">标准配音技巧
配音组
标准配字幕或字幕翻译
歌剧、戏剧字幕翻译
现场字幕翻译</td><td rowspan="2">听障者字幕翻译
语音字幕
字幕组</td><td rowspan="2">电子游戏本地化</td></tr>
<tr><td>非语言</td><td>音乐
音效
背景杂音
沉默或停顿</td></tr>
</table>

续表

<table>
<tr><th>渠道</th><th>符号</th><th>元素</th><th colspan="3">视听翻译类型</th></tr>
<tr><td rowspan="2">视觉渠道</td><td>语言</td><td>插卡字幕
字幕
屏显信息
致谢名单</td><td rowspan="2">描述技巧</td><td>视障者的口述字幕翻译(AST)</td><td rowspan="2"></td></tr>
<tr><td>非语言</td><td>(静止与动态)图像
空间关系与动力学
电影技巧</td><td>影像描述</td></tr>
</table>

二、视听翻译模式分类法

视听翻译模式的分类经历了从早期的二分法、三分法到后来更为复杂多样的种类,这与该领域从电影翻译到视听翻译的名称演变一致,也反映了技术与媒体的变化。通过简单梳理模式类型的变化,可以更好地了解视听翻译的发展演化史。

(一)早期的模式划分

视听翻译始于20世纪30年代电影诞生初期,当时电影是“仅有的一种视听文本形式”,所以最早的视听翻译模式就是电影翻译(Pérez-González, 2014: 1)。电影翻译的早期模式主要是配音和字幕翻译,即模式的二分法(Nida, 1964/2004; O' Connell, 11998/2008; Luyken et al., 1991)。之后出现这两种模式衍生出多种变体,正是以这两种模式为基础,也算是原型,简而言之,所有视听文本要么配音,要么配字幕。这两种模式成为最早、最常见、研究最多和描述最精确的视听翻译模式。

在二分法的基础上,出现了三分法,具体是哪三种模式观点并不一致,共同点是都包含字幕翻译,区别是有的把配音细分为对口型配音和画外音(Díaz Cintas, 2006)、口译和画外音(Skuggevik, 2010),或者情节相关和非情节相关配音(Bogucki, 2013),有的则在二分法基础上增加了第三类,例如所谓的其他模式(包含语内字幕翻译、影像描述、歌剧戏剧字幕翻译)(Gambier, 2008)或者视听翻译的辅助模式(Pérez-González, 2014)。以上三分法有些出现在视听翻译的早期阶段,有些则是近期的产物。

(二)拓展的模式分类

在模式三分法的基础上有了更多的种类,出现了四分法(Bogucki, 2013)、五分法(Dollerup, 2007)、六分法(Şerban, Matamala & Lavaur, 2012)和七分法(De Marco, 2012)(见表8)。模式的种类越来越多,共同点是都有字幕翻译和配音模式,区别在于有的分类法把配音进行了细分,分为对口型配音与画外音,有的对字幕翻译进行了细分,分为最早默片时代的插卡字幕、字幕翻译和歌剧戏剧字幕翻译,还有的则添加了新模式,例如同声传译(该模式的归属有争议)、歌曲与歌词翻译、本地化、影像描述、无障碍传播等较新、较陌生的视听转换形式。

表8 拓展的模式分类

<table>
<tr><th>分类法</th><th>1</th><th>2</th><th>3</th><th>4</th><th>5</th><th>6</th><th>7</th><th>8</th></tr>
<tr><td>4分法</td><td>配音</td><td>画外音</td><td colspan="3">字幕翻译</td><td></td><td></td><td>较新、较陌生的视听转换形式</td></tr>
<tr><td>5分法</td><td colspan="2">配音</td><td>插卡字幕</td><td>字幕翻译</td><td>歌剧戏剧字幕翻译</td><td>同声传译</td><td></td><td></td></tr>
<tr><td>6分法</td><td>配音</td><td>画外音</td><td colspan="2">字幕翻译</td><td>歌剧戏剧字幕翻译</td><td></td><td></td><td>影像描述；无障碍传播</td></tr>
</table>

续表

分类法	1	2	3	4	5	6	7	8
7分法	配音	画外音	字幕翻译		歌剧戏剧字幕翻译	同声传译	歌曲与歌词翻译	本地化

从拓展的模式划分可以总结出以下几点：其一，这些模式只是迅速发展的视听翻译学科的几个代表性领域（Şerban，Matamala & Lavaur，2012）；其二，无论是四分法还是七分法，都不是最终结果，而是反映了视听翻译的某个发展阶段，未来必定还有更多其他模式出现，Dollerup（2007：34-35）曾经断言，他提出的五分法是20世纪或现代社会的翻译模式，未来将会发展成为区域性的、受媒体限制的模式；其三，所列的模式皆有各自的独有特征与限制条件。

（三）更详细的模式划分

除以上以二分法为基础而拓展的模式，还出现了更为详细的分类，达到十几种之多，其中讨论较多的有10种视听转换模式和13种屏幕翻译模式。10种视听翻译模式的划分得到一定的认可，有时称为“多语种转换类型”（multilingual transfer）或“视听转换模式”（audiovisual transfer）（Luyken et al.，1991；Díaz Cintas，2006；Deckert，2013）（见表9）。

表9　10种视听转换模式

类型	常见模式	无障碍传播模式
模式	• 配音 • 字幕翻译 • 视译或同步翻译 • 脚本或剧本翻译 • 自由解说 • 手语翻译	• 影像描述 • 口述字幕翻译 • 听障者字幕翻译 • 歌剧和戏剧字幕翻译

值得商榷的是，歌剧戏剧字幕翻译算是传统的视听翻译模式，一般不属于无障碍传播模式，反而表中被视为常见模式的手语翻译如今更多用在无障碍传播领域。再者，表中把自由解说等同于画外音或叙述(Deckert, 2013: 53)，但实际上三者是有差别的。

与以上分类法相似的是，Gambier也曾经详细归纳了媒体中的语言转换类型，包括电影字幕翻译、同步字幕翻译、多语种字幕、配音、口译、画外音、叙述、解说、同步翻译，以及歌剧戏剧字幕翻译。随后，Gambier(2003: 172-177)进一步扩展，提出了多达13种屏幕翻译类型，大致分为主要类型和具有挑战性的类型(见表10)。

表10　13种屏幕翻译类型

类型	主要类型	挑战性类型
模式	• 语际字幕翻译 • 配音 • 交替传译 • 同声传译 • 画外音 • 自由解说 • 同步翻译或视译 • 多语种制作	• 脚本或剧本翻译 • 语内字幕翻译 • 现场或实时字幕翻译 • 歌剧和戏剧字幕翻译 • 影像描述

Gambier的分类也有值得讨论之处，其中对主要类型与挑战性类型的区分理据并不十分充分，毕竟所谓“具有挑战性”，也是因人或其他因素而异。再者，把交替传译和同声传译两种口译列为视听翻译的主要类型也不太恰当，因为交替传译在视听翻译领域并不常用。

(四)新模式的分类

除以上常见或不常见的视听翻译模式外，还有一些新的翻译模式随着技术的进步和社会的发展而出现，主要涵盖了多媒体翻译、无障碍传播、非专业视听翻译、本地化等领域，各有所辖的相关模式，进一步拓展了视听翻译的疆界。其中多媒体翻译领域就有电子游戏本地化、网上交流、字幕组、配音组、网络动画等(Díaz-Cintas, 2008)。Perego 与 Pacinotti (2020: 35)提到出现新的文本类型与新的中介交流形式,越来越重视有特定需求的观众,因此完善或重新定义了一些现存的视听翻译形式,也可以称之为新模式,包括:属于无障碍传播的听障者字幕翻译(SDH)、为视障者制作的影像描述(AD)和口述字幕翻译(AST);属于非专业视听翻译的字幕组和配音组;属于本地化的电子游戏本地化,还有现场字幕翻译等。特别是无障碍传播和基于互联网的新模式,代表了视听翻译的新趋势和未来发展方向,对视听翻译的进一步发展影响巨大。

1. 无障碍传播

无障碍传播(media accessibility 或 accessibility)是"视听翻译不可缺少的一部分",不仅在过去20年里发展迅速,在学术界也越来越受瞩目。其无所不在的影响力,促进了一个新的研究领域的诞生,即"无障碍传播研究"(accessibility studies, AS)(Bogucki & Díaz-Cintas, 2020: 24)。无障碍传播指"使那些除此外无法接触到视听节目的人能收看视听节目,无论其面临的是感官障碍还是语言障碍"(同上)。尤其是照顾感官残疾人士的无障碍传播,正日渐成为日常视听环境的一部分,吸引了许多学者与从业者的兴趣。

广义的无障碍传播解决的是感官障碍以及语言障碍,所以既包含了传统的语际视听翻译类型,如配音、画外音或字幕翻译等,也包含了媒体的使用服务,而后者是更典型的无障碍传播模式(Bogucki & Díaz-Cintas, 2020)。狭义的无障碍传播,也就是媒体使用服务,主要包括听障者字幕翻译(subtitling for the deaf and hard of hearing, SDH)、影像描述或口述影像(audio description, AD)、手语口译(sign language interpreting, SLI)、现场或实时字幕翻译(live or real-time subtitling)或语音字幕翻译(respeaking)、视障者的口述字幕翻译(audio subtitling, AST)(Perego & Pacinotti, 2020)。

这些无障碍传播模式各有特点，不仅涉及听觉与视觉渠道的转换，还包括语言与非语言符号的转换，例如，适用于失聪及听障者的听障者字幕翻译和语音字幕翻译，不仅改变了源文本的整个听觉渠道，还提供了语言符号的语内翻译或语际翻译（比语内翻译少），并用语言（如字幕）来描述重要的语言外或非语言信息，以满足失聪观众或年老观众的需求。又如适用于失明及视障者的影像描述与口述字幕翻译，二者被称为描述手段，为照顾无法接收视觉信息的观众，把视觉语言信息（包括屏幕上的字幕）以口语表达，也把视觉非语言信息用语言来描述（如口述）。这些无障碍传播模式主要辅助有感官缺损的观众，帮助其收看视听节目，融入主流社会。

2. 基于互联网的新模式

近来对视听翻译影响巨大的技术革新出现在互联网上。互联网可以迅速、便捷、受限较少地分享大量材料，推动了现代娱乐行业的兴盛，也促进了与影视作品及其他视听产品密切相关的视听翻译的发展，因为互联网用户既想欣赏他国制作的视听作品，也想分享自己的视听材料，让世界上尽可能多的受众能接收到，“翻译是关键”（Perego & Pacinotti, 2020: 46-47）。

以互联网为基础，特别是进入数字时代，出现了一些新的视听翻译模式，例如字幕组（fansubbing）、配音组（fandubbing）、非专业字幕翻译（non-professional subtitling）、众包（crowdsourcing）等，这些主要是“非专业的”或“侵略性的”（abusive）翻译活动（Perego & Pacinotti, 2020: 47）。这些模式带来的变化不只是“非专业”翻译的增多，更是出现了越来越多的自愿者、用户自制材料和网络配音或字幕翻译。

自愿者做字幕翻译的一个例子是美国私有非营利机构TED组织的《TED演讲》节目（*TED Talks*, 2006）[1]，播放以教育、商业、科技与创造力为主题的演讲视频，有全球范围的自愿者负责为这个节目做字幕翻译。这种做法也激励了网上许多其他传媒运营商，例如教育性非营利组织“可汗学院”(Khan Academy)[2] 和在线教育平台“课程时代”(Coursera)[3](Bogucki & Díaz-Cintas, 2020: 16)。

另一大变化发生在用户与制作人的关系上,用户可与制作人交流,并影响其决策,交流手段之一是创建基于共同兴趣的团体,团体成员来自全球,制作自己的视听材料,类似Orrego-Carmona(2018)提出的“根据自身需要设计或开发产品的消费者”(prosumers)概念(Perego & Pacinotti, 2020: 46)。受众对视听产品的操控日益增强,出现不少用户自制材料,一个例子是油管博主自己配字幕或配音。油管博主很大程度上依赖在互联网上的知名度和视听输出的吸引人程度,许多博主拥有成百上千万的粉丝,虽然多使用单语种,但不少博主为了扩大影响力,把自己的作品传播到其他语种的使用区域,开始为自己的视频配音或配字幕,这些都是油管博主自制的视听材料。用户自制材料为视听材料的类型带来变化,是视听材料未来的发展趋势之一(参见本小节视听材料类型)。

一种基于互联网的新模式是网络字幕翻译(cybersubtitling)或网络配音(cyberdubbing)。以网络字幕翻译为例,“网络字幕”(cybersubtitles)是个较为包容的概念,指在网络上遇到的各式各样的字幕,有的是某团体或机构的特定任务或项目要求,如众包模式中的字幕翻译,有的为自制字幕,制作人有业余的,也有专业的(Bogucki & Díaz-Cintas, 2020: 20-21)。网络字幕主要有三种类型,即由爱好者制作的“字幕组”(fansubs)、由参与政治活动与激进主义的个人或团体制作的“游击字幕”(guerrilla subtitles)、由与某项目紧密联系的个体委托或制作的“利他字幕”(altruist subtitles)(同上)。网络平台或云平台为这些网络字幕、网络配音以及诸如众包等新模式提供了技术和媒体支持,未来基于互联网的新模式还将不断涌现(见2.5视听翻译模式的渠道转换与糅合)。

值得一提的是,互联网革命促进了诸如网络字幕等新模式的产生,在美国也掀起一股“字幕复兴”的热潮。美国以往对外国影视作品兴趣索然,如今也越发感兴趣,翻译需求日增。此外,其他传统上的配音国家也越来越多地接受字幕翻译(Perego & Pacinotti, 2020)。

随着视听作品在网络上流传得越来越广、社交网络在交际中无处不在、非专业视听翻译活动越发兴盛、观众或用户的需求发生改变,这些业余视听翻译活动、网络字幕翻译和配音、用户自制视听材料,皆是视听翻译模式的变化趋势,正逐渐变成人们习以为常的做法。

三、主要视听翻译模式类型

由于视听翻译模式的种类不可穷尽也无需穷尽,我们只需了解一些主要模式。这些模式大致分为字幕翻译、配音、无障碍传播、非专业翻译和其他模式几个大类,各大类再细分为具体的模式。以下列出32种视听翻译模式(见表11~15)。这些模式还可进一步细分,例如字幕翻译还可区分为电影、电视、DVD或者游戏等不同媒体的字幕翻译,还有一些不常见的模式未收录其中。再者,得益于视听翻译领域的包容性和开放性,随着新技术和新媒体的出现,可以随时添加新的模式。

表11 字幕翻译模式类型

模式种类	模式名称		描述
字幕翻译	插卡字幕	intertitles; intertexts	默片时期电影胶片里的文字说明,提供人物对白和对剧情和场景的解释,可以选择字体、手绘配图等特殊效果,是默片时期观影的重要手段。
	字幕翻译	subtitling; captioning	把看似口语的源文本翻译成书面的目标文本。
	歌剧戏剧字幕翻译	surtitling	把歌剧和戏剧中所唱或所说的内容翻译成书面文本。

续表

模式种类	模式名称		描述
字幕翻译	语内字幕翻译	intralingual or intralinguistic subtitling	同种语言的字幕翻译，即将口语的源文本转录为书面的目标文本，模式改变，而语言不变，主要适用于听障者、语言学习者、唱卡拉OK的人。
	多语种字幕	multilingual subtitling	以两种及以上语种制作的字幕。
	网络字幕翻译	cybersubtitling	在网络上遇到的各种字幕，主要有三种类型，即字幕组、游击字幕、利他字幕。

表12 配音模式类型

模式种类	模式名称		描述
配音	配音	revoicing	用目标语的翻译替代原口语文本，是个更高一级的名称，用来描述翻译音轨的不同方式，包括对口型配音、画外音、叙述和自由解说等。

续表

模式种类	模式名称		描述
配音	对口型配音	dubbing; lip-synchrony	用一种语言的现场声音替代另一种语言的现场声音，把口语源文本翻译成口语目标文本，包含翻译、译文的同步和复制演员的表演，确保与原对白的计时、措词、嘴唇动作等紧密匹配。
	部分配音、半配音或简洁同步	partial dubbing; half-dubbing; concise synchronisation	把预录的口语文本添加到原声上。不提供完整的翻译，只提供目标语的必要信息。
	画外音	voice-over	包含原声和翻译，二者同时播放，最开始能听见原声，随后调低原声音量，用一个人的声音覆盖在演员原声上，营造一种真实效果。
	自由解说	free commentary	类似即兴解说，最终版与原版完全不同，通常不忠实于原版，译文可能更为详细或省略更多内容，该模式不要求观众有读写能力。

续表

模式种类	模式名称		描述
配音	叙述	narration	提前准备、翻译和缩减文本，提供可带稿宣读的原版摘要，随后由配音演员朗读，有预录和现场两种形式，不同于带表演性质的配音，与画外音相似，但最终版本的缩减程度更高，与原版风格不完全一致。
	网络配音	cyberdubbing	网络上各种配音形式，分为宣传型、政治型和利他型等。

表 13　无障碍传播模式类型

模式种类	模式名称		描述
无障碍传播	听障者字幕翻译	Subtitling for the Deaf and the Hard of Hearing（SDH）	类似于字幕翻译，但面向收听影视节目对白有困难的失聪及听障观众，字幕中添加了额外信息以弥补语言输入的不足，最初主要用于电影和预录节目。但现在越来越多的法律法规要求广播公司和字幕翻译公司提供这类字幕，规定了最低份额。

续表

模式种类	模式名称		描述
无障碍传播	影像描述或口述影像	audio description (AD)	类似于画外音,用来辅助失明及视障观众,描述影视节目的画面信息等,避开原版对白,在节目静默处插入,描述情节必须的信息,避免给观众过多信息。该模式可以预录,也可现场进行,例如在剧院中。
	手语口译	sign language interpreting (SLI)	把口语转换成手语,使失聪及听障观众能够理解,需要透彻了解口语和手语,以及二者之间的沟通技巧。手语口译员的工作涉及各种教育、医疗、法律和社会服务等领域。该模式适用于特定的视听材料,比现场字幕翻译更容易。

续表

模式种类	模式名称		描述
无障碍传播	现场或实时字幕翻译或语音字幕翻译	live subtitling; real-time subtitling; re-speaking	为有听力问题的观众进行现场直播而制作的现场插入字幕(非预录字幕),由一位口述者接收直播节目或活动的原声和对白,口述录入声音识别软件,利用语音识别技术制作字幕和文稿,其中包括标点符号、特别提示等。
	口述字幕翻译	audio subtitling for the blind and the visually impaired (AST)	以听觉渠道接收影视作品的字幕,结合了其他视听翻译模式,如配音、画外音或字幕翻译,适用于失明及视障观众。

表 14　非专业视听翻译模式类型

模式种类	模式名称		描述
非专业翻译	字幕组	fansubbing/ funsubbing; fansub/ funsub	由爱好者或志愿者制作的非专业字幕,可能出于对字幕翻译过程的兴趣或其他原因。与专业字幕翻译相比,该模式较不规范,但更自由。

续表

模式种类	模式名称		描述
非专业翻译	配音组	fandubbing/ fundubbing; fandub/ fundub	由爱好者完成的非专业自制配音。先翻译对白,再用自己的声音替代原版台词,并对上口型。
	众包(群众外包)	crowdsourcing	某组织或机构公开招募参与者,把申请人集中起来,由该机构布置任务,并创建专门的平台进行翻译。参与者出于对该机构活动或产品的兴趣,愿意通过合作参与这些材料的翻译。

表 15　视听翻译其他模式类型

模式种类	模式名称		描述
其他模式	本地化	localization	为适应不同市场的差异而改变产品或服务,考虑特定的文化或语言特征,使产品及其配套文件和资料适合某市场或用户群体。包括电子游戏本地化、软件本地化、网页和网站本地化等类型。

续表

模式种类	模式名称		描述
其他模式	同步翻译或视译	simultaneous translation; sight translation	现场翻译以目标语撰写的稿件，或者现场把书面源文本用口语翻译出来。与口译不同，该模式把第二外语当作枢轴语言。该模式的采用常因时间或资金有限，不能用其他更复杂的视听翻译方法，而且一般用在特定视听材料上。
	口译	interpreting	由一位讲话者把视听材料进行口头翻译，包括同声传译、现场口译、交替传译或者预录口译等多种类型。
	动画制作	animation	包含翻译和剧本写作两部分，利用无声图像（如卡通）重新创作剧本，类似于自由解说，但该模式之前没有现成的剧本。
	网络动画	webtoons	由业余人士创作、通过互联网传播的动画，通常用Flash或简单的图像编辑器和动画处理软件来制作。

续表

模式种类	模式名称		描述
其他模式	双语版本	double versions	参演影片的演员母语不同,每位演员先用自己的母语演绎角色,片中就有两种或多种语言,最后再进行配音并实现同步,把影片终版统一为一种语言。
	多语种制作	multilingual production	由同一母语的演员拍摄的同一部影片的不同语种版本,如由英国演员拍摄的英语版、法国演员拍摄的法语版等。
	翻拍	remakes	重新设定电影的背景,以目标语言拍摄原版影片,使之与目标观众及其文化保持一致。
	互联网通信	Internet communication	利用互联网,以文本、语音、视频电话等方式进行的通信交流。通信方式有即时通信、网络电话、电子邮件、社交媒体等。
	歌曲与歌词翻译	song and libretto translation	翻译歌曲的歌词,是为唱而作的书面文本。
	脚本或剧本翻译	scenario or script translation	翻译影视剧脚本,是为表演而作的书面文本,可用作配音或字幕翻译的脚本。

注释：

1. TED，全称 Technology，Entertainment，Design（技术、娱乐、设计），是美国一家私有非营利机构，于1984年由 Richard Saul Wurman 创办，以其组织的 TED 大会著称，召集众多科学、设计、文学、音乐等领域的杰出人物发表演讲，分享对各自领域的深度思考。其《TED 演讲》节目（*TED Talks*，2006），播放以上主题的演讲视频。
2. 可汗学院（Khan Academy），一家非营利性教育组织，由 Sal Khan 创立，利用网络视频提供免费课程，涵盖数学、历史、金融、物理、化学、生物学、天文学等各科目。
3. Coursera，意为“课程时代”，是由美国斯坦福大学两名计算机科学教授于2011年创办的在线教育平台，同世界顶尖大学合作，在线提供网络公开课程，首批合作院校包括斯坦福大学、密歇根大学、普林斯顿大学、宾夕法尼亚大学等，来自全球190多个国家和地区的学生报名参加。

2.2 电影翻译模式选择策略

一、概述

电影翻译自电影诞生之初的默片时代就开始了,如今已成为覆盖面更广的视听翻译的一部分。电影翻译模式在默片时代有插卡字幕(intertitle)和现场同声翻译等,自有声电影问世以来,主要有字幕翻译与配音两种模式。实际上除此之外,整个视听翻译领域还包含其他二三十种模式,如画外音、叙述、听障者字幕翻译、为视障者做影像描述等。

本节主要讨论有声电影的翻译,其两种主要模式——字幕翻译与配音——各有特点:字幕依画面顺序在图像下方快速显示,说明演员台词大意,尽量与影片画面同步;而配音用一种语言的现场声音来替代另一种语言的现场声音(Nida, 1964/2004)。这两种模式中,各国一般主要采用其中一种,而选择的策略与依据多种多样、纷繁复杂。下文以全球视角,分析梳理了几个主要影响因素与选择策略,列举其典型代表,同时说明各因素共同作用的复杂性以及模式选择的不定性与变数。

二、电影翻译二分法

自有声电影开始,虽然有时同一国家电影翻译出现两种模式并存的情况,但大多数国家各有偏好,有的主要采用配音,有的则喜欢字幕翻译。早期以配音为主的国家多是较大的欧洲国家,包括法国、德国、西班牙、意大利,而如比利时、葡萄牙、丹麦等较小的欧洲国家传统上更依赖字幕翻译,其他多采用字幕的国家或地区有挪威、瑞典、荷兰、芬兰、希腊、爱尔兰、卢森堡、斯洛文尼亚等(Nida, 1964/2004; O'Connell, 2007; Gambier, 2008)。

此二分法最初基于字幕翻译与配音两种模式孰优孰劣的论争，一种模式的优点往往被视作另一种模式的缺点。简言之，字幕翻译的优点即配音的缺点，反之亦然。从翻译步骤和技术角度，一般认为字幕翻译比配音便宜，也更快捷，只需一名译者和一套软件，在需要翻译的影片中合适的时间和位置添加字幕即可（De Marco，2012）；而配音的步骤要复杂得多，法国翻译学者Gouadec（2007）曾列出多达28个详细的配音步骤。

就观影体验而言，看字幕版的观众需要边看画面边看字幕，增加了阅读的负担，本来轻松愉快的观影活动变得不便，而配音版相比字幕版减少了观众的阅读负担，更有利于专注画面内容，因而更轻松。从电影审美角度，字幕一直被认为是一种有用却笨拙的手段，解码外语对白的同时，也在屏幕上留下记号，破坏电影画面的美感，影响观影乐趣，就像一把双刃剑，既是必要手段，也具有破坏性，所以Marleau称之为"必要之恶"（Sanchez，2015：140）；而配音只以目标语的声音覆盖原声，不会破坏电影画面，从审美来说是无虞的。

就模式本身来讲，字幕翻译与配音各有千秋，认为支持其一必反对另一种的观点是一些国家的选择依据之一。但选择哪种模式，并非全然来自模式本身的特点或优劣，而更多源自较为深层次的原因。

三、模式选择策略

电影翻译采用配音还是字幕，各国视情况有所不同，决定因素多种多样，主要有经济、政治、文化价值观、技术、传统习惯等。多种因素共同作用，决定了各国对电影翻译模式的选择。随着技术的进步，尤其是DVD的出现，以及观影习惯的改变，对翻译模式的选择也发生了变化。

（一）经济因素

选择电影配音还是字幕，首先考虑的是成本问题。这个问题最早源自电影本身的制作费用。有声电影有了声音，比默片增加了成本，对于一些较小且不太富裕的国家来说，增加了负担。这些国家的本族语言使用范围远小于某些富有的大国,加上电影制作预算有限,本土电影产量较小,更多依赖电影进口,而进口电影的翻译又产生额外成本。电影翻译的两种主要模式中,字幕翻译成本比配音低,只需配音成本的1/10到1/20(Ivarsson, 2009: 4)。出于费用考虑,较大欧洲国家多选择配音,而较小欧洲国家多采用字幕,字幕因此成为较小语言区域电影翻译的首选模式。

经济原因并非一个简单问题, De Marco(2012)曾以荷兰与捷克的例子,来说明国家富裕与否不是翻译模式选择的主要原因:荷兰比捷克富裕,却主要采用字幕,相反捷克却喜欢配音。De Marco对这两个例子的理解存在偏差:首先,国家大小与富庶是相对概念,荷兰虽比捷克更富有,但比起法国、德国等欧洲国家,仍属于小国,所以选哪种模式主要考虑成本问题;其次,捷克经济不发达,却采用更昂贵的配音,说明费用并非决定模式选择的唯一因素,还考虑了本国国情等其他因素。

(二)政治因素

政治因素也是翻译模式选择的考量之一,在某些国家的特殊时期成为选择的主因。例如,一种观点认为,第二次世界大战时期的德国、意大利、西班牙等国,实行严格的审查制度,审查有可能损害其统治,有损其国家形象的进口产品;而配音以另一种声音完全覆盖原声,能更好地隐藏被认为在目标文化中属于"不合适"的内容(De Marco, 2012: 58)。这种观点有时用来解释德国、意大利、西班牙等国在该时期均采用配音的原因。

实际上,德国的配音史是多种因素作用的结果。其一是经济因素,德国属于富裕的欧洲大国,传统上以配音为主。其二是政治因素,第二次世界大战前以及期间为巩固其统治,德国通过商业渠道发行的电影一般选择配音模式(Ivarsson, 2009);战后,盟军为肃清德国纳粹的影响,向德国出口了大批美英法和和苏联的影片,均采用配音,随后在德国形成了四大配音中心:慕尼黑配译法国影片、汉堡配英国影片、西柏林配美国影片、东柏林配苏联影片(Sarrión, 2009)。其三是传统与技术的影响,由于历史沿革与技术的成熟,如今德国配音业在全球首屈一指。

（三）文化价值观

文化价值体系与政治因素常被视为一体。对两种翻译模式的接受程度，反映了不同的价值观体系。如有学者把配音比作“一扇旋转门”，介于电影世界与真实世界之间，也介于源语文化与目标文化的不同价值体系之间（Pérez-González, 2014: 22）。有观点认为在字幕与配音之间选择后者，可以理解为某种“民族主义政治观念的表达”，或是“一种自我保护形式”（De Marco, 2012: 58）。文化的影响在某些少数民族语言群体、多语种或重传统文化价值观的国家和地区皆有迹可循。

某些语言群体，如加泰罗尼亚、威尔士、魁北克等地的当地语言，一般被视作少数民族语言，这些地区多采用配音，以推广本民族的语言文化，可以理解为一种“民族主义政治观念的表达”。类似动机也反映在法国对配音的态度上。法国作为欧洲大国，传统上以配音为主，多用于商业电影，但出于文化价值观原因，比较排斥以魁北克法语配音的电影（De Marco, 2012）。

比利时是个多语种国家，有佛兰芒语和法语两种官方语言。作为一个欧洲小国，比利时以字幕翻译为主，同一部影片的字幕有佛兰芒语版和法语版。单就法语字幕而言，外国影片在该国译入法语有三种情况：其一，在比利时国内直接从原版译成法语；其二，从法国引进法语字幕；其三，在比利时国内以现有佛兰芒语版字幕为基础制作。虽同为法语字幕，由于其文化中的权力关系，几个版本的地位并不相同，所以对比各版法语字幕时，需要阐明其地位以及形成原因（Toury, 2001）。出于文化价值观原因，比利时对法国引进的字幕接受程度不高；这点同样反映在配音上——比利时偶尔采用配音，但比较排斥在法国配音的电影（De Marco, 2012）。

印度尼西亚是个重传统文化价值观的国家。随着其视听翻译政策的变化，电影翻译模式的选择也经历了波折。20世纪90年代，印尼政府主张用印尼语为外国电影配音。1996年，印尼政府宣布，“电视上放映的外国电影不再以源语版加印尼语梗概或加字幕播映，而应以印尼语配音”(Pérez-González, 2014, 22)。然而短短数月之后，此项决定便被取消。因为担心印尼语配音使外国价值观“印尼化”，若家中有人接受了这样的价值观，会损害家庭成员的自我形象，就像家中来了“异类”，造成家庭成员之间价值观的冲突，从而导致交流障碍，使家人间产生隔阂。也有观点认为，印尼语配音除对传统家庭造成困扰外，也会让本国人对外国文化产生错觉。倘若影视节目的语言采用印尼本族语，本国人会误以为这些表演为“自我组成部分”，其来源文化为本族文化(同上)。印度尼西亚反对配音，是顾虑外国文化价值观对本国的影响，属于一种“自我保护形式”。

(四)技术水平

除以上因素外，Díaz Cintas 还提到另外两种因素：技术水平和习惯的影响(De Marco, 2012)。技术因素指因技术所限只能选择某种翻译模式，即“以目前的技术能做或不能做什么”(De Marco, 2012 : 58)。以日本的视听翻译史为例(参见 Fumitoshi, 2009)，虽然在默片时代，日本有“辩士”(*benshi*)行业，即电影解说员，负责解说电影的故事情节和对白等，这也算是默片时代的一种电影翻译模式，但随着20世纪30年代有声电影的诞生，这一行业逐渐消失。进入有声电影时代，日本的电影翻译处于起步阶段。由于技术方面的欠缺，日本的早期电影翻译借鉴了西方的做法。20世纪30年代，日本的电影公司派遣技术员到纽约学习字幕翻译技术，并在纽约同时完成外国电影日语字幕版与配音版的制作。当时配音技术水平有限，配音人员为纽约的日本侨民，大多数侨民说的是日语方言，导致配音版彻底失败，字幕版独占鳌头，最后导致当时日本影院放映的所有外国电影均配字幕。这是一个因技术问题而选择翻译模式的典型案例。

(五)习惯影响

习惯因素是从观众角度出发，指观众选择翻译模式，很大程度上取决于对某种模式的熟悉程度，而观众喜欢自己最熟悉的视听翻译模式，这被认为是模式选择的“最重要的因素”(De Marco, 2012: 58)。以德国为例，德国一直是个以配音为主的国家，在“二战”前和“二战”后出于政治原因沿用了这种模式。直到今天，德国属于欧洲几个最大电影市场之一，观众对配音最为熟悉，所以配音依然流行。德国电影电视同步公司(Flim & Fernseh-Synchron)制作主管Michael Johnson在接受《纽约时报》采访时说道：“如果美国的一家主要发行公司想把一部片子成功打入德国市场，那它必须配音。没有别的办法，否则他们会失去很多观众。”[1]如今德国配音业在业界地位坚如磐石，被认为是世界最好的配音业之一，主要配音棚仍然设在慕尼黑、汉堡和柏林(Sarrión, 2009)。

波兰对视听翻译模式的选择也是习惯使然。与很多国家相比，波兰的视听翻译起步较晚，始于20世纪90年代，除两家国营电视台外，出现了首批私营电视广播公司，主要翻译模式有字幕翻译、画外音和配音，根据观众的观影习惯，用于不同媒体和节目：字幕在院线电影中比较受欢迎，是电影翻译最常见的模式；画外音广泛用于电视节目；配音实际只用于儿童节目、动画片和其他面向年轻观众的故事片(Jankowska, 2012)。观众对这几种模式的习惯延续至今：2002年一份调查显示，波兰人比较排斥电视节目采用字幕形式，72.1%的波兰受访者认为在电视领域字幕翻译是最不受欢迎的模式；一家波兰国营电视台的调查显示，只有4%的波兰人会选择利用字幕来观看电视节目(Deckert, 2013: 57)。

(六)多种因素作用

以上影响选取电影翻译模式的主要因素在各国权重不同，有的为主因，有的影响甚微。De Marco(2012)认为区分以配音或字幕为主的国家，取决于经济、政治、文化价值观因素，而Díaz Cintas则认为影响模式选择的决定因素是习惯、文化特征和经济因素(Deckert,2013)。有时候多种因素共同作用，决定了最后的模式选择，我国的电影翻译模式正是多因素综合作用的结果。

严格来说，中华人民共和国成立后我国的电影翻译才真正开始，中华人民共和国成立初期，电影翻译采用“译制片”形式。广义译制片指“将原版影片的对白或解说翻译成另一种语言后，以该种语言配音混录或叠加字幕后的影片”，分为原声本国语言字幕（字幕翻译）、原声本国语言解说（译意风）、原声本国语言配音（类似解说）、无原声本国语言配音（配音），还有将本国影片从一种民族语言（或方言）译成另一种民族语言（或方言）；狭义译制片特指无原声本国语言配音的影片，即对口型配音[2]。一般提到“译制片”指的是狭义译制片。中华人民共和国成立后，我国主要采用配音译制片模式，这是由技术限制、习惯养成、观众水平和配音优势这几个因素共同作用的结果。

1.技术限制

中华人民共和国成立初期，国内电影译制技术尚处于起步阶段，与国际水平相比还有较大差距，尤其字幕翻译技术比较滞后，即使最擅长的配音译制片，也是摸着石头过河。一步步地尝试。被誉为“中国译制片之父”的译制导演袁乃晨回忆，1949年，中国译配了第一部真正意义上的译制片《普通一兵》(*Рядовой Александр Матросов*, 1948)[3]，该片讲述了苏联近卫军战士马特洛索夫的英勇事迹。当时技术和经验均不足，最初只找了位俄文翻译来翻译文本，只翻其意，不考虑原始对白与配音长短是否一致；之后做了改进，把原始对白与配音逐行对应，却不管口型是否一致；最后达到口型匹配，还考虑到俄语的口音和语气、文化因素和习惯表达等方面。经过这样一次次尝试，才在配音领域取得成功，完成了首部译制片，开创了我国电影译制事业的先河。

2.观影习惯

选择配音模式的另一个原因是国内有“译意风”的传统，培养了观众的观影习惯。“译意风”即英文“earphone”的音译，原名“夷耳风”，指1939年开始盛行的外片译配汉语的方式，通常在影院的座椅后安装连接发音机的小匣子，观众可获得一副头戴式听筒，听筒与小匣子接上后就可以听见“译意风小姐”的翻译，最初只要求译其大概，让观众了解剧情，之后要求提高，会根据剧情和角色演绎人物的不同情感，甚至讲解影片中独特的电影镜头和拍摄方式（张伟，2006：44-45）。这种翻译模式类似现在的现场同声翻译，把“耳机”（earphone）一词的英文读音和其功能相结合，译作“译意风”（*yi yi feng*）甚是巧妙（Qian，2009）。“译意风”属于广义译制片中的原声本国语言解说，一边放映原版影片，“译意风小姐”一边进行解说，讲解故事的基本情节，翻译和表演片中人物的对白等。

这种模式有明显局限性，首先设备要求高，影院必须配有同声翻译设备，而当时只有几个大城市的少数影院有条件，所以缺乏普及性；其次，对翻译人员要求高，很难找到合适的译员；此外观众观感欠佳，翻译家钱绍昌教授以个人经历指出，此模式“质量往往堪忧，而且经常被打断”，所以“收听同声翻译并不是令人愉悦的事”（Qian，2009：3）。鉴于该模式的种种缺点，之后由“配音译制片”所取代，只偶尔在国际电影节上采用。但在20世纪30年代，这种模式是国内观众的主要观影方式，风靡一时，培养了观影习惯，所以后来出现类似的配音模式，观众接受程度也较高，毕竟观众喜欢自己最熟悉的视听翻译模式。

3.观众水平

观众水平也是影响因素之一，此处指观众的读写能力与外语水平影响了翻译模式的选择。要看懂电影字幕版，观众需要一定的读写能力，而中华人民共和国成立之初，普通大众的文化水平整体不太高，文盲率超过80%[4]，字幕版显然不适合当时的部分观众。而且我国是多民族国家，部分少数民族有与汉语差别较大的本民族语言，其中受过教育的能听懂汉语口语，但大多数阅读汉语仍有困难，字幕也不大适合这部分观众群体（Qian，2009）。相反，配音译制片对观众的读写能力没有要求，因此更容易普及。

此外，观众的外语水平——尤其英语水平——也影响模式的选择。国内英语教学经历了波折，20世纪60年代，大多数学校没有教授外语，英语教学自1978年改革开放后才逐渐恢复，但因缺乏实践机会，大多数英语学习者的听说能力比较薄弱。钱教授曾在代表国内较高英语水平的上海外国语大学英语专业研究生中做过测试，要求把某部美国电视连续剧中时长1分钟的对白译成汉语，结果显示学生的听力理解程度从50%到80%不等（Qian, 2009: 13-14）。英语专业学生的听力水平尚且如此，那国内普通大众的英语水平则可想而知。如果观众英语水平不高，可能听不懂原版影片，也不太可能喜欢听原声。如从事电影翻译的刈间文俊（Karima Fumitoshi）所说，若观众不懂原版语言，对白对于观众来说只不过是背景杂音（Fumitoshi, 2009: 25）。观众的外语水平阻碍了我国早期电影翻译字幕版的发展，却推动了配音译制片的流行。

4. 配音优势

从观众角度，配音有自身的优势，不需要像看电影字幕版那样边看画面边看字幕——让观众容易分散注意力，甚至不堪重负。尤其观看一些剧情复杂的影片时，分神阅读字幕，难免错过许多画面细节、精彩时刻或关键线索，甚至会对理解剧情造成困难，更不用说悠闲地欣赏画面构图之美、匠心独具的拍摄技巧等。根据《新民晚报》（2013年6月21日）的采访记录，一位做白领工作、年约25岁的受访观众表示，美国大片《星际迷航》（*Star Trek*, 2009）[5]在国内放映时，他没有选择看字幕版，而选择了中文配音版，就是因为“主要想看画面，怕看字幕耽误功夫”[6]。

配音不会破坏以画面和语言来表现的电影本身的完整性，能原汁原味让观众沉浸在影片中，充分体会外语文化，这样才算真正看懂了电影。而且早期配音译制片中，台词语言具有较高艺术性与美感。观众听不见原声，反而为配音演员在语言和表演上提供了更大的发挥空间。所以相比字幕版，早期配音译制片更易受到观众喜爱，影响力也更大，许多经典译制片和脍炙人口的名句，至今令人回味无穷。

从我国的情况可见，电影翻译模式的选择常由多种复杂因素共同作用，从而形成最契合本国国情的模式。

四、模式选择的不定性

以上主要影响因素大致区分了以字幕翻译为主和以配音为主的国家或地区,但实际上对电影翻译模式的选择具有不确定性,这种不确定性首先源自模式选择二分法的弊端,随后又因技术的进步与习惯的改变等出现了不少变数,导致翻译模式发生变化。

(一)模式选择二分法的弊端

用以字幕翻译为主或以配音为主的方式来划分选用不同翻译模式的国家有时并不合理。首先,这是一种按国界的地理分割,暗示语言和文化与国界重合,但事实上某种语言并不局限于单个国家,如德语在德国、奥地利、比利时和瑞士等国均使用;而且邻国之间的播映活动有时并没有严格按照该二分法,而是更注重实际的交流需要(Gambier, 2008)。若出现这些情况,这种地理分割是否合理则有待商榷。

其次,一些常见议题,如配音与字幕翻译孰优孰劣、哪些是配音国家、哪些是字幕翻译国家等问题,虽看似合理,但从本质上讲更多基于争论而非关于这样划分的实证证据(同上)。所以,模式选择二分法的基础并不牢固,需要更多有力证据予以支撑。

(二)翻译模式的发展演变

某些国家或地区首选了特定翻译模式后,情况发生了变化,模式选择也随之改变。导致改变翻译模式的主要有技术与习惯因素,二者相辅相成。以我国为例,配音译制片从中华人民共和国成立初期的盛行到如今与字幕版并存,见证了电影翻译模式的变化。国内观众英文水平迅速提高,对字幕翻译的态度也发生转变,越来越多的人接受听原声看字幕的观影方式,字幕版渐渐普及,已逐渐赶超配音版。2013年上海国际电影节调查显示,9成以上的观众(主要是年轻人)会选择“原声字幕版”,而年龄较大的观众多选择“中文配音版”。在北上广等大城市,原声字幕版的放映场次多于中文配音版;其他二三线城市仍以中文配音版为主。所以,从国内整体情况来看,中文配音与原声字幕基本是各占50%[6]。观众观影习惯的变化对模式的改变起到了积极的作用。

另一大变化出现在技术领域,尤其是数字技术的发展与DVD的兴起影响了世界电影市场,超越了翻译模式二分法,为观众提供了更多选择,标志着电影翻译的一大飞跃。DVD于20世纪90年代末问世,有诸多优点,包括存储容量大、画质清晰、互动性强、具有快速搜索与定位等附加功能。特别是存储量大的特点,使翻译模式和语言的选择大大增多,例如标准视频DVD有8种语言声轨和32种字幕(Kayahara, 2005),这意味着在单张DVD上就可获得8种语言配音版和32种语言字幕版。

除字幕翻译与配音两种模式外,DVD还能提供其他翻译模式,种类之多几乎囊括了所有视听翻译模式。例如在字幕翻译方面,除传统语际字幕外,DVD还可提供语内字幕或源语字幕,主要服务失聪观众或源语学习者;在配音方面,除传统对口型配音外,还有画外音、叙述、自由解说、照顾视障观众的"影像描述"等(O'Hagan, 2007)。为听障观众制作字幕和为视障观众进行影像描述属于无障碍传播(accessibility)这一新兴领域,如今越来越多的国家尝试提供这两种电影翻译模式,其未来应用会更加广阔。

五、结语

电影翻译早期,各国基于政治与经济因素、文化价值观、技术水平、传统习惯等,在字幕与配音这两种主要电影翻译模式之间做出选择,从而大致划分了以配音为主和以字幕翻译为主的国家。但选取特定翻译模式往往并非由单一因素造成,而是多种因素合力为之,根据实际情况采用最因地制宜、最受观众欢迎的模式。

早期的模式选择随着技术进步与习惯改变发生了变化,尤其来自科技领域的巨大动力,如DVD的技术升级换代使电影翻译模式和语言数量大幅增加,而作为DVD升级版的蓝光碟达到了前者存储量的五倍

(Sanchez, 2015),这意味着观众拥有更大的选择自由。电影翻译乃至整个视听翻译领域飞速发展,带来的变化不容小觑,例如作为传统配音国家的法国如今正在字幕翻译领域迎头赶上,研发了蓝光碟可遥控字幕的先进技术,让观众能够随意切换字幕的版式(同上);2005年DVD国际研讨会上还只字未提的无障碍传播问题,如今已是大势所趋(O' Hagan, 2007)。随着移动通信与流媒体平台的蓬勃发展,新的电影翻译模式不断涌现,模式的可选择性方面蕴含巨大潜力,未来的发展必将超出人们预期。

注释:

1. 参见"没有电脑的默片年代,字幕居然可以这么有趣"(2017年12月15日):知乎专栏网(获取时间2020年8月23日)。
2. 参见"译制片":百度百科(获取时间2021年8月3日)。
3. 《普通一兵》(*Рядовой Александр Матросов*, 1948),苏联影片,描写苏联卫国战争时期,红军战士马特洛索夫英勇无畏,用自己的身体堵住了敌人从碉堡里射出的子弹,最后壮烈牺牲的故事。
4. 2010年全国文盲率已降至4.1%,绝大多数观众观看字幕版基本没有问题。参见"新中国成立70年,文盲率从超80%降至4.1%",《界面新闻》(2019-09-23):中国公益网(获取时间2020年10月27日)。
5. 《星际迷航》(*Star Trek*, 2009),美国影片,改编自同名电视剧,讲述了星舰企业号的成员们星际旅行的科幻电影,由J. J. Abrams执导。
6. 参见"张艺.译制片的变迁 从'译意风'到'字幕风'",《新民晚报》(2013-06-21):中国经济网(获取时间2020年8月24日)。

2.3 字幕翻译类型与分类标准

一、字幕翻译概述

视听翻译是个较新的研究领域，迄今为止，国内学术界还未对其给予足够重视，即使翻译研究领域也是如此。字幕翻译作为视听翻译的主要模式之一，同样未受到充分关注。Peter Fawcett（1996：69）一度指出："鉴于字幕翻译要求同步，有人甚至质疑它是否应该被视作一种翻译。"如今，人们日渐认识到视听翻译是翻译研究的一门重要学科，字幕翻译研究也随之注入活力，出现蓬勃发展势头。

字幕翻译是视听翻译的一种主要模式，与配音一样，二者都是"用于各种大众视听交际（如影视）翻译中两种主要语言转换方式之一"（Shuttleworth & Cowie，2004：161）。对字幕翻译的认识可以追溯到该领域早期的一些学者，如Georg-Michael Luyken等把字幕理解为：

> ……原对白经浓缩的书面译文，以几行文字形式出现，通常置于屏幕底部。字幕的出现或消失与原对白对应部分时间同步，多作为一种后期制作活动，随后添加到屏幕图像上。（Luyken et al.，1991：31）

以上描述勾勒出字幕翻译最鲜明的特色：最终产品为书面译文；位置处于屏幕底部；以同步方式展示；制作方式为后期制作；具有附加性质。由此字幕可以简单理解为经过翻译的话语、书面译文或者书面目标文本。

字幕翻译适用于如下一些视听产品：电影、电视、录像、DVD、激光影碟、光盘、电子游戏、互联网和现场表演等。与配音相比，字幕翻译似乎更具优势，是"一种便宜、迅速、包容外国文化、通常政治立场正确的屏幕翻译模式"（O'Connell，2007：67）。这种翻译模式颇受传媒界青睐，与全球化齐头并进，同时也对传统翻译提出了挑战。了解字幕翻译首先从如何分类开始，这是就该主题进行学术研究的出发点。此项任务困难重重：首先，现存字幕类型纷繁多样；其次，字幕翻译作为一种特殊翻译，不仅与语言相关，还牵涉技术层面。对字幕翻译的分类标准和类别适当梳理，必定有助于字幕译者的职业发展和学术研究。

二、字幕翻译的传统分类

凡研究字幕翻译的学者免不了讨论其分类，具代表性的有早期学者Jan Ivarsson、Eduard Bartoll等。字幕翻译研究颇有建树的学者Ivarsson（1992）提出以语言、技术、适用范围、受众、写作技巧和时间六大参数为标准，区分出六种类型的字幕翻译：影视字幕翻译、多语种字幕翻译、图文字幕翻译、缩减型字幕翻译、现场或实时字幕翻译、歌剧戏剧会议字幕翻译。表16简要说明了Ivarsson的分类标准和类别（表中“+”符号指出每种类型侧重的参数）。

表16 Ivarsson（1992）的字幕类型

	适用范围	语言	技术	受众	写作技巧	时间
影视字幕翻译	+					
多语种字幕翻译		+				
图文字幕翻译			+ 用于电视上	有听力问题的观众		
缩减型字幕翻译	新闻或实况转播，如体育报道		类似图文字幕		+ 用减译法	

续表

	适用范围	语言	技术	受众	写作技巧	时间
现场或实时字幕翻译	与缩减型字幕翻译相同		采用可快速书写的特殊设备		快速书写	+
歌剧戏剧会议字幕翻译	+		用特殊屏幕显示字幕			

Ivarsson的分类较复杂，各标准之间存在重叠，需仔细区分，而且由于提出时间较早，未能涵盖后来随技术革新出现的新类型，覆盖面不足。Bartoll也列出了九大分类标准：排版、组成、定位、移动性、选择性、时间、需配字幕的视听产品、播放渠道或方式、色彩(Bartoll, 2004: 55-57)。以下用表17简要说明基于这些标准归纳的字幕类型。

表17 Bartoll（2004）的字幕类型

标准	字幕类型
排版	居中型和不居中字幕
组成	内嵌式和外挂型字幕
定位	普通字幕、默片插卡字幕和歌剧戏剧字幕
移动性	移动字幕和固定字幕
选择性	可选择(外挂型)字幕和不可选择(内嵌式)字幕
时间	预录字幕和同声字幕
需配字幕的视听产品	电影、电视、录像、DVD、激光影碟、光盘、电子游戏、互联网及流媒体和现场表演等

续表

标准	字幕类型
播放渠道或方式	通过视听产品本身的压印、通过图文电视、在电子显示器上、投影在产品上方或附近屏幕上、通过同步播放的字幕
色彩	区别各对话者的字幕、根据影片是黑白或彩色来区别的字幕、根据要配字幕的产品来区分的字幕

除上述二人的分类外,还有其他一些分类方法,如Díaz Cintas(2006)提出的传统字幕翻译、同步字幕翻译、双语字幕、语内字幕、语际字幕、内嵌式字幕、外挂型字幕,这些分类方法既涉及语言也涉及技术,还有以同步性等作为分类依据,此处不再逐一列举。

三、分类标准的拟定原则

Ivarsson和Bartoll等的分类标准和方法存在类似问题:其一,分类标准烦琐,一旦标准过于多样化,导致类型众多,原本想面面俱到,反而让人无所适从。其二,即使标准如此纷繁多样,归纳的类型也难免有所疏漏。其三,这些标准能否包容未来可能出现的新类型也有待商榷。这样看来,复杂的分类方法不仅达不到分类的目的,反而会阻碍对该主题的系统研究。

鉴于这些分类方法的不足,拟定字幕分类标准应该遵循如下原则:(1)分类标准应该尽量简洁明了、泾渭分明,以便归纳的类型一目了然,为研究指明方向;(2)分类标准需要勾勒出各类字幕最鲜明的特征,旨在归纳主要类型,不追求面面俱到;(3)分类标准需要具有概括性和开放性,便于容纳未来可能出现的新类型。

据此原则,作者采用了四个分类标准,即语言、技术、受众和专业性。字幕翻译与语言和技术息息相关,二者是字幕翻译的两大要素,必然作为分类标准。以语言为标准,主要区分语内和语际字幕,而以技术为标准,则分为内嵌式和外挂型字幕。另外,字幕翻译日益关注一些特殊观众群体，如有听力问题的人群，因此可以以受众为标准，区分为普通观众和特殊观众群分别制作的字幕。随着非专业字幕翻译的兴起，专业性也可作为分类标尺，把字幕翻译分成专业字幕翻译和业余字幕翻译两大类。

四、新分类标准及字幕类型

（一）语言标准

Bartoll（2004：57）认为，语言标准涉及"源语与目标语之间建立的关系，无论二者是否属于同一语种。"以语言为标准，主要有语际字幕翻译（interlingual或interlinguistic）和语内字幕翻译（intralingual或intralinguistic）两大类（参见 Gottlieb，1997，2005；Shuttleworth & Cowie，2004；Díaz Cintas，2006）。

1.语际字幕翻译

Henrik Gottlieb（1997）指出，从字面上讲，语际字幕翻译指两种语言之间的字幕翻译。这是一种从源语到目标语的转换，指明不同的源语和目标语间的关系。二者之间存在翻译的事实，尽管并非传统书面翻译。其类似于Ivarsson分类中的多语种字幕翻译。语际字幕翻译不仅与两种语言相关，也涉及口语和书面语两个范畴，所以也称"斜线字幕翻译"（diagonal/ oblique subtitling），意即语式和语种两方面均发生变化，从一种语言的口语转换为另一种语言的书面语（Gottlieb，2005：247）。

2.语内字幕翻译

据Gottlieb（1997）的分类，语内字幕翻译指同种语言间的字幕翻译，显示同语种的源语和目标语之间的关系，二者之间不存在翻译事实，而是存在转写的情况。Díaz Cintas（2006：199）的观点与此不谋而合，肯定了语内字幕翻译中语种没有改变，也因此称之为"加标题说明文字"（captioning）。语内字幕翻译也涉及口语和书面语两个范畴，Gottlieb（2005：247）把这种叫作"垂直字幕翻译"（vertical subtitling），意思是只改变语式，语种没有发生变化，在同一种语言中，把口语转写为书面语。

3. 方言的字幕翻译

以语言来分类时，不得不提到一种特殊类型——方言的字幕翻译，是属于语内还是语际字幕翻译？事实上，两种情况都可能存在，因为不仅要为国产影视节目的方言配字幕，也可能碰到外语影视节目的方言。后者一般被忽略，认为与普通语际字幕翻译无异，毕竟无论节目中的语言是否是方言，对观众来说都是外语。前者更受关注，因为哪怕是国产影视节目，语种相同，但受扮演的角色限制，演员说方言或说话带口音时，很多观众也听不懂，需要进行转写，属于语内字幕翻译。

为方言配字幕在包括意大利、佛兰德斯地区等多个国家和地区施行。我国少数民族众多，拥有各自的语言和方言，即使汉语内部也涵盖多种方言。国内为部分电视节目配上中文字幕，一来帮助观众理解内容，二来推广普通话。华语影片中若出现方言，或者演员口音较重，通常也会配中文字幕。有部英国电影《猜火车》（*Trainspotting*, 1996）[1]，登陆美国时配了英文字幕，是因为英美观众虽然都说英语，但片中演员的英语带有浓重的苏格兰口音，美国观众普遍听不懂（Díaz Cintas, 2006: 199）。

4. 其他语言标准

语言标准除以语种为衡量基础外，还有其他与语言相关因素。Luyken 等（1991）先把字幕翻译分为传统字幕翻译和同步字幕翻译两大类，再以句子为标尺，把前者进一步划分为完整句子、缩减句子和双语句子形式的字幕翻译。字幕的用途也补充了语言标准，分为“工具型字幕”（instrumental subtitles）和“文书型字幕”（documentary subtitles）（Bartoll, 2004: 57）。工具型字幕是为了在目标语中交流，涉及口语文本的翻译和转写，基本经过删减，适用于观众听不懂的外语口语文本，或是因失聪而听不到的口语文本。文书型字幕则只包含转写，基本未经删减，保持完整，面向目的不同的群体，如语言学习者或者唱卡拉OK的人等。

(二)技术标准

除语言外,技术也是划分字幕类型的重要标尺。考虑采用何种技术,以及技术是否支持观众选择字幕等问题,主要区分内嵌式字幕(open subtitles)和外挂型字幕(closed subtitles)(见 Gottlieb, 1997, 2005; Shuttleworth & Cowie, 2004; O'Connell, 2007)。

1. 内嵌式字幕

内嵌式字幕是不可选择的,即观众不能决定字幕在屏幕上出现与否,这种字幕是影片的物理组成部分,不能从屏幕上移除。内嵌式字幕也叫"刻录字幕"(burnt-on subtitles),得名于其制作工艺,最初是用酸把字幕蚀刻在电影胶片上,现在则用激光技术实现(O'Connell, 2007: 133)。电影字幕翻译属于这类,为在影院放映的外语片进行语际翻译;也用于原版电视节目,作为电视图像的组成部分进行地面转播;还用在外语录像中,比配音便宜,多为内嵌式语际字幕。

2. 外挂型字幕

外挂型字幕是可选择的,观众可自行决定字幕是否要出现在屏幕上,在美国叫作"标题说明文字"(captions)(同上)。这类字幕于20世纪70年代首先出现在电视上,先采用图文电视广播技术、有线电缆,之后又有了卫星频道,此外也用于DVD、互联网(流媒体)、激光影碟等。其技术流程大致如下:先把字幕编码,进入传输信号,自动添加到图文电视广播或卫星频道上,分别播放,为观众提供不同频率的各种字幕版本,而观众则需要具有图文电视广播功能的电视机和解码器,再通过遥控器选择不同的字幕版本。

3. 其他技术指标

其他与技术相关的元素也用来区分各类字幕,如需配字幕的视听产品、播放渠道或方式、字幕的组成等(见表17)。根据字幕翻译所需特殊技术,又可以划分为图文电视广播字幕翻译、现场或实时字幕翻译、为歌剧戏剧会议等进行的字幕翻译(见表16)。

(三)受众标准

字幕翻译的观众也是类型划分的重要依据。以受众为标准,有为普通观众和特殊群体制作的字幕,后者主要指失聪和听力受损的观众,以及语言学习者等。

1.听障者的语内字幕翻译

语内字幕翻译主要适用失聪和有听力障碍的人、学习语言和唱卡拉OK的人(见de Linde & Kay, 1999; Gottlieb, 2005; Díaz Cintas, 2006; O' Connell, 2007)。Bartoll(2004: 57)这样描述语内字幕适用人群:

> ……我们根据接受者来区分,发现一方面是为听力障碍人士进行的转写,另一方面是针对语言学习者或者业余歌手(如在卡拉OK中)进行的完全转写。

对于失聪观众群体,字幕翻译不仅要把演员对白转换成书面语,还要保留所有对情节发展和场景设置均十分重要的"超文本信息"(paratextual information),如电话铃声、敲门声等,如果只能听原声,失聪的人就没法获取这些信息(Díaz Cintas, 2006: 199-200)。所以这类观众需要字幕来辅助,字幕展示时间比普通字幕长些,还附有解释性话语,如"门铃响了"等,以此弥补声音的缺失。

就技术而言,这类字幕属于外挂型。美国国家字幕协会(National Captioning Institute,简称NCI)考虑到失聪观众,革新了技术,使字幕可以编码到录像上,通过小型解码器读取,有的解码器内置于普通电视机和录像机中,有的外挂其上(O' Connell, 2007)。这类字幕翻译的兴起,不仅有技术支持,舆论压力也功不可没。为维护包括失聪的人在内的残障人士的权益,一些团体向政府和社会施压,成效显著。英国广播公司(BBC)一直努力提高为听障人士播放带语内字幕的电视节目比例,从节目数/小时数为66%的比例,提升到2004年的80%,随后提高到100%(Díaz Cintas,

2006: 203)。

2.听障者的语际字幕翻译

为失聪观众制作的字幕一般是语内字幕,显然这类观众不会只看母语节目,也会看外语节目,所以也有制作语际字幕的需要。有这样一种比较普遍的误解,认为标准的语际字幕可以为所有观众提供足够信息,在许多国家,专为失聪观众制作的语际字幕并没有得到足够重视。以葡萄牙、希腊和北欧诸国为例,为失聪的人进行的语际字幕翻译"鲜少被视作一种特殊的字幕翻译类型"(Díaz Cintas & Anderman, 2009: 13)。如今人们意识到,为失聪观众和听力正常的普通观众所做的语际字幕翻译不同,后者的标准语际字幕并没有照顾到前者的特殊需求,主要有两大不足:其一是提供的信息量大,超出失聪观众所能消化的程度;其二是为传输完整符号信息,还需要添加更多信息(同上)。残障人士需要特别关照,以满足其观赏视听节目的需求。

从技术层面看,为失聪观众进行语际字幕翻译之所以可行,主要归功于数字电视和DVD两大技术革新成果。以影片《末路狂花》(*Thelma & Louise*, 1991)[2]为例,其德语DVD版本带有两套德语字幕,一套提供给普通观众,另一套专为有听力问题的人制作(Díaz Cintas, 2006: 200)。如今更多国际知名字幕翻译公司也参与到多语种DVD字幕翻译,如欧洲字幕协会(European Captioning Institute,简称ECI),这是一家英国字幕翻译公司,在该领域处于世界领先地位(Díaz Cintas & Anderman, 2009: 9)。

3.语言学习者的字幕翻译

还有一类特殊观众也倍受关注,即语言学习者,其中有外国学生、移民、难民以及其他有读写困难的少数人群,这群人希望通过观看电视节目,利用节目的视听输入来提高语言技能。针对这群人的字幕翻译,一类是语内字幕翻译,如以英语为母语的人观看一部配德语字幕的德语电影,或母语为汉语的观众观看提供英文字幕的英语影片。这种通过视和听两个渠道输入外语的方式被称为"双模式二语输入"(bi-modal L2 input)(O'

Connell, 2007: 133)。另一类是源语和目标语同时出现在屏幕上,供学习者对照学习,既具语内字幕翻译性质(转写外语),也进行了语际字幕翻译(翻译成观众的母语)。这类字幕翻译不同于“双语字幕翻译”(bilingual subtitling),后者属于语际字幕翻译,指从一种语言转换成另外两种语言(Gambier, 2008: 17)。语言学习中,尤其涉及二语习得,如何利用字幕,对于教师和学习者,都是很有价值的主题,值得进一步研究。

(四)专业性标准

随着越来越多非专业人士参与到字幕创作,专业性也可作为划分字幕翻译类型的标准,据此分为专业字幕翻译和业余字幕翻译两大类。前者由专门人员和专业字幕制作公司完成,是该行业一贯的做法,而后者是一种新的字幕翻译类型,主要归功于互联网的普及和免费电脑软件的使用。最能代表业余字幕翻译的是爱好者的字幕翻译(fansubbing),俗称字幕组。专业字幕翻译早在1927—1930年左右伴随有声电影诞生(Dollerup, 2007: 43),而爱好者的字幕翻译则出现在20世纪80年代后期,最初是“专供各种日本动画片、由爱好者为非日本观众制作的业余字幕”(Bogucki, 2009: 49)。如今字幕组已经超出日本动画领域,囊括任何外语影视节目:

> 爱好者的字幕(fan-subtitled,缩写为fansub),指外语影视节目的某个版本,由爱好者翻译(不同于得到官方认可的专业人员的翻译),制作成非原版语言的字幕。[3]

这种字幕可以简单理解为“由爱好者为爱好者制作的”字幕(Díaz Cintas & Anderman, 2009:11)。与传统字幕翻译不同,这类字幕翻译具有非商业用途,是为了在互联网上自由传播视听节目,使更多观众受惠,翻译的自由度更大,更凸显译者个人语言风格。

爱好者的字幕翻译通常按照如下步骤进行:首先准备原材料的拷贝,即未经改动的源语材料,通常来自质量最好的版本,称为“原件”(raw)。

然后翻译文本，并制作与媒体同步的字幕。这类字幕分为硬字幕（hard subtitles）和软字幕（soft subtitles）两种，前者被编码到原材料中，类似内嵌型，后者来自另外的数据文档，被混编到录像上，观众可以切换字幕显示，也可以通过改动数据文档来改变字幕，近似外挂型[3]。

业余字幕翻译自诞生以来，就存在一些法律和伦理上的问题，直至今日仍有待解决。其他缺点也显而易见，例如由于录音质量欠佳，加上字幕译者对原对白（源文本）理解不足，容易出现"大量错误和误解"（Díaz Cintas & Anderman, 2009：10）。其他值得探讨的相关问题有：制约专业和业余字幕翻译的因素是否相同、前者的策略对后者是否适用、业余字幕翻译对专业字幕翻译有何影响等。如果能克服业余字幕翻译所面临的障碍，这种新形式有可能在视听领域蓬勃发展。

五、结语

一般情况下，各种字幕类型目的不同，面向不同的节目和观众。有人提议为同一节目制作各类字幕，如Josélia Neves就曾主张为每部视听节目提供不同的翻译方式，包括配音、语际字幕、语内和语际听障者字幕、改编型字幕翻译等，这样一来，各类字幕就能满足不同观众群的特定需求（Neves, 2009：167）。实际应用中，此法是否可行尚需讨论，但不可否认，这为字幕翻译的未来发展指出了一个方向。

视听翻译的性质决定了与技术息息相关，字幕翻译作为其组成部分，也同技术与时俱进。一旦出现技术革新或新视听产品，必然出现新的字幕翻译类型，这不仅印证了该领域的巨大发展潜力，也对未来视听翻译模式提出挑战，使之获得更多学术关注，进而惠及该领域的学者和译者。

注释：

1.《猜火车》（*Trainspotting*, 1996），英国电影，由Danny Boyle执导，讲述一群爱丁堡瘾君子的生活。

2.《末路狂花》(*Thelma & Louise*, 1991),由 Ridley Scott 执导的公路片和女权主义影片,讲述一个家庭主妇和餐厅女招待因一个不经意的过失而走上了逃亡的道路。

3. 参见维基百科(Fansub)(获取时间 2014 年 1 月 21 日)。

2.4 失聪观众与视听翻译需求

一、概述

技术与媒体的发展造就了一个信息和交际的社会,影响了观众这个群体。在这样的世界,图像与声音占据主导地位,对观众的视听感官提出了更高要求,而部分观众由于感官缺陷或受损,难以充分接触和理解视听材料。如今,这部分观众的需求,尤其是在视听翻译领域的需求日益受到重视。

视听翻译指任一视听媒体(如电影、DVD等)的翻译(Hatim & Munday, 2004),具有一定辅助功能,其模式中如听障者字幕翻译(SDH)和影像描述(AD)等是符际辅助中介形式,也是无障碍传播模式,旨在辅助有感官缺损的群体,使之能接触并理解传媒资料,从而获取信息或享受娱乐,其愿望能和普通大众一样得到尊重,助其融入社会(Pérez-González, 2014)。其中听障者字幕翻译,也称为"配标题说明文字"或"配字幕"(captioning),20世纪70到80年代在电视领域赢得一席之地(Neves, 2008),自此便成为视听世界的组成部分,如今已被公认为一种视听翻译类型,是专门照顾失聪观众的一种无障碍形式,在很多国家已成为一项公共服务,这些国家也越来越多在电视领域提供这项服务。

听障者字幕翻译主要服务失聪及听障者这类感官残疾的观众,这类观众因其感官缺损的性质,接触视听材料时,有着与普通观众和视觉残疾观众不同的特殊需求,而听障者字幕翻译为这些观众提供了有效的辅助手段,使之能欣赏视听节目。但一直以来对这类观众有种误解,认为该群体有共同的特征和相同的需求,所以可以为他们制作一套一劳永逸、放之四海皆准的听障者字幕。该观点被Neves(2008: 131)列为关于听障者字幕翻译的十大误解之一,即听障者字幕的受众是个"同质化的群体",几乎可以被作为整体看待，Neves认为这个误解是这种视听翻译模式如今的主要问题之一。

事实上，失聪观众群是个比较多元化的群体，以不同的标准，可以划分出更小的群体或更多的类型，有各自的特征与语言能力，语言与交际需求也有差异，据此对听障者字幕翻译提出更多区别化的要求。本节研究失聪观众的一些划分标准和主要类型，探讨这些观众类型对有别于普通字幕翻译的听障者字幕翻译提出的一些特殊要求，通过分析各类听障观众的特点、需求与期待，以期为特定类型失聪观众制作字幕时能有所启示，起到一定指导作用。

二、听障者字幕翻译与观众

（一）听障者字幕翻译

听障者字幕翻译指把电影、电视、光盘、DVD、网络视频直播或以其他方式制作的音频信息转换成在屏幕上显示的文本（Neves, 2008）。该模式既是视听翻译的一个分支，也是无障碍传播模式之一。这种字幕与普通字幕不同的是，除了以书面形式呈现的角色话语或对白，还包含一般字幕没有的信息，如叙事的内容、对剧情动作中声音特征的书面描述、有助于情节发展或制造气氛的所有副语言信息，如电话铃声、笑声、鼓掌声、敲门声之类（Díaz Cintas & Anderman, 2009）。简单地说，就是包含了有关音效与音乐的信息，以及通过听觉与语言以外的渠道传递的其他信息，这些信息可以用来替代某方面的表演。

此外，听障者字幕翻译涉及从口语到书面语字幕的信息转换，所以除了普通字幕的规范，还有一些该模式所特有的与字幕颜色、时轴和定位相关的中介规范，如用不同颜色来标识说话者、用粗体大写来描述环境声音和音乐、用[#]标识来展示歌词，还有大写字母、括号和箭头等（Bogucki, 2013）。

听障者字幕之所以添加这些信息、采用这些特殊规范，是因为这种字幕专为特殊的观众群体——失聪观众制作，包括有不同程度听觉缺损的人（从轻微听障到完全失聪），此处统称为失聪人士（见下文听障者字幕翻译的受众划分标准与主要类型）。这类感官缺损的人不能从音轨中听到某些信息，需要在字幕中添加注明，以书面形式来描述，让其通过阅读字幕获取。听障者字幕翻译为听障观众设计，主要目标是让这类观众能理解视听材料或节目，满足观众对信息、娱乐、交际和社会融入的需求，充分体现了视听翻译所具有的辅助功能。

听障者字幕翻译的类型多样，不仅用在电视上，也用在电影、会议、现场表演、教堂礼拜等众多场合，不仅有语内或外挂型字幕，也有语际或内嵌式听障者字幕，此外字幕可以是预制、现场或半现场、离线式、弹出或滚动式以及其他类型（Neves, 2008）。

（二）听障者字幕翻译的受众名称

听障者字幕专为有听觉缺损的失聪观众制作，但对该群体的争议一直不断，如Neves（2008：131）把视该群体为“同质化的群体”列为此模式的十大误解之一，或者如Gambier（2003：175）所说的视其为“整齐划一、同一类型的群体”。事实上，作为该模式的主要受众，失聪观众是个多元化的接受者群体，由多个更小的群体组成，其特征与需求各不相同。把他们简单归为一类，提供一套同样的字幕翻译解决方案并不合适。

对这个多元化的观众群体最直观的感受是听障者字幕翻译模式的名称争议。该模式的核心名称为“字幕翻译”（subtitling），但名称中对应的受众就有所差异，有“失聪者”（the deaf）、“失聪与听障者”（the deaf and the hard of hearing）、“听力缺损者”（the hearing impaired），名称的缩写也不一致，有采用SDH或SDHH的（Neves, 2008：130）。虽然目前被普遍接受的名称为“听障者字幕翻译”（subtitling for the deaf and the hard of hearing, SDH），学者们仍按自己的喜好选用以上名称。这种情况不仅出现在英语语境下，也反映在其他语境中，参见表18（改编自Neves, 2008）中其他语境对该模式受众的定位。

表18 各语境中听障者字幕翻译受众的定位

语境	受众	英文含义
西班牙、意大利、葡萄牙、捷克	失聪人士	the deaf
英国、法国、荷兰、克罗地亚、德国	失聪与听障者	the deaf and the hard of hearing
巴西	聋哑人士	the deaf-mute
英国、意大利	听力缺损者	the hearing impaired
波兰	听力不健全者	non-hearers
希腊	有听力问题的人	persons with hearing problems

无论是英语还是在其他语言中，这些受众定位的不一致反映了对这类字幕的接受者的界定缺乏明确认识。另一方面通过这些称呼，这个群体所展现的多样化与复杂性也可窥一斑，如Neves（2008：130）所言，"若不了解这个预设的接受者群体的多元化，对此模式的名称以及模式本身的讨论便是徒劳的。"由此可见了解这个观众群类型的重要性。

三、听障字幕翻译的受众划分标准与主要类型

既然有必要了解观众类型，进一步区分听障者字幕的受众，就需要考虑与这类观众有关的各种变量，例如失聪的类型、程度、原因、听力学指标、年龄等综合因素，掌握各种类型失聪观众的特点。

（一）基于听力学标准

提到听力障碍问题，最普遍的判定方法是采用听力学标准。根据国际音韵局（the International Bureau for Audiophonology）提出的听力学参数，可以划分为以下四种从轻度到深度听力丧失的主要类型（Szarkowska，2010：142）（见表19）。

表19　基于听力学标准的失聪类型

听力丧失类型	听力丧失分贝(dB)
轻度(Mild)	20~40分贝
中度(Moderate)	41~70分贝
重度(Severe)	71~90分贝
深度(Profound)	90分贝以上

这种判定方法是基于科学的客观角度,也成为不少其他失聪分类方法的基础,例如判断听力障碍的严重性,或多或少会参照听力学标准,有时侧重点或考察角度稍有差异。

(二)基于失聪类型、程度、原因

失聪类型、程度或原因也可以作为判断标准,以此为据,可分为单耳或双耳失聪、暂时或永久性、完全或部分失聪、先天性、意外导致、药物(尤其是处方药)或某种疾病所致、退行性、年龄或老龄化造成,还有耳鸣也会造成听力问题(Gambier, 2003, 2008, 2018; Neves, 2009)。Gambier(2003: 175)提供了一组在英国由各种原因导致的听力缺损数据,包括先天性、年龄、噪声所致和职业性的、药物造成、健康状况(如耳鸣问题)导致的失聪,其中75岁以上的人中有50%由于年龄缘故丧失了听力。

(三)与年龄相关的类型

由年龄造成听力丧失的问题主要指老龄化,例如在英国和波兰特指75岁以上的人,普遍具有退行性特征。事实上,与年龄相关的失聪类型不仅指老年人,也与丧失听力的始发年纪有关,有的人属于先天性失聪,有的则在之后的人生阶段丧失了听力(Neves, 2009; Szarkowska, 2010)。

比较典型的与年龄相关的一类是失聪儿童,这一群体由于年纪尚小,与听力丧失的始发年纪和语言能力联系紧密,可以把年龄和语言能力两种元素结合起来考虑。一种方式以整体语言能力为基准,分为在有语言能力之前(2~3岁)、接近有语言能力时(3~5岁)、有语言能力之后(5岁以上）丧失听力三类。与失聪始发年纪和语言发展有关的失聪儿童类型见表20（改编自Szarkowska，2010：142）。

表20 与语言发展相关的失聪儿童类型

年纪	语言发展阶段	听力丧失类型
2~3岁	习得口语之前	有语言能力之前丧失听力
3~5岁	习得语言期间	接近有语言能力时丧失听力
5岁以上	已经习得口语	有语言能力之后丧失听力

另一种年龄与语言能力结合的分类方法从阅读能力角度来考察。失聪儿童的阅读速度根据其阅读能力与年纪有差异，通过对不同年龄段的实证研究可以区分各阶段的失聪儿童，如学龄前儿童、学龄儿童、青少年等，以便为各年龄段设定不同的阅读速度（Zárate，2010）。观众阅读速度的差异对观影时观众阅读字幕影响较大，做听障者字幕翻译时应予以考虑。

（四）失聪类型三分法

一种比较有影响力的分类方法是Neves提出的失聪类型三分法。Neves（2009：154）区分了两种失聪类型加上听力障碍（the hard of hearing）这三类失聪群体，其中两种失聪的名称仅以核心词汇“deaf”（失聪）的首字母大小写来区分。为示区别，作者把这两种失聪类型称为“Ⅰ类失聪”（deaf）与“Ⅱ类失聪”（Deaf）。

1. Ⅰ类失聪

根据听力学标准，Ⅰ类失聪（deaf）一般指重度与深度丧失听力的人（Szarkowska，2010），或者从医学与临床角度，指听力丧失程度严重，不能只靠听觉来处理语言信息（Neves，2009）。这类观众虽然耳聋，但所属社会语境是听力健全的普通大众，母语为口语（Neves，2008）。有时候Ⅰ类失聪也用作通用词汇，涵盖范围更广，可用以指“听不清楚，所以难以处理听觉信息”的人群（Neves，2005：84）。若该词用来指“失聪”儿童，则指儿童出现任何程度的听力缺损(Zárate, 2010)。

2. Ⅱ类失聪

从听力缺损程度与始发年纪角度,Ⅱ类失聪(Deaf)指先天性耳聋和(或)在习得口语之前就丧失听力的人,主要交际接收渠道为视觉渠道。从社会属性来看,这类人往往就读于聋哑学校,属于失聪文化(Deaf culture)以及社会和语言的小众群体(Neves, 2008, 2009; Szarkowska, 2010),其身份认同与听力健全者和听力障碍者不同。

就语言能力而言,这类观众的第一语言并非本国听力健全者使用的第一语言,而是本族手语。手语是彼此之间交流使用的自然语言,对这类观众而言就像声音一样,起到生活交流与社会融入的作用。第二语言是其本族口语,或者把本族语作为第二语言用来阅读(Neves, 2008)。所以这部分失聪者是"双语兼双文化"(bilingual and bicultural, Bi-Bi)(Neves, 2009: 154),即手语与本族(口)语、失聪文化与本族文化。

3. 听障观众

从听力学角度与听力缺损程度,听障观众(the hard of hearing)指从轻度到中度丧失听力的人(Szarkowska, 2010),或指有某种听力缺损情况,而妨碍其辨识某些声音(Neves, 2009)。这类听障问题有先天性和后天出现的,有永久性和反复发作的,这类观众虽有某种程度的听力丧失情况,往往仍有残存听力和(或)听觉记忆(Neves, 2008, 2009)。该群体中老年人数量较多,一般是因为年龄缘故造成的听力退化。

从社会学角度,有听力障碍的人处于听力健全者与Ⅰ类失聪之间的"灰色地带"(Neves, 2009)。这意味着,听障者表现出与听力健全者和Ⅰ类失聪的相似之处。与听力健全者相似的地方是,在社会属性上,听障者通常自认为属于听力健全的群体,只因年龄(尤其是老年人)或疾病才出现听力问题,但主观上接受了自己成长所在群体(即听力健全群体)所遵守的社会秩序和规范。此外,听障者有残存的听力,多少因人而异,这意味着在不同程度上听障者与听力健全者拥有相同的对声音和世界的体验

(Neves, 2008)。二者的相似之处主要体现在听力问题对社会属性的影响方面。

听障者与Ⅰ类失聪观众的相似之处是,听障者的母语是本族口语(Neves, 2009;Szarkowska, 2010),对成长环境的声音系统有一定认识,即使是重度听力缺损,往往仍有些残存听力,声音仍然存储在容易获取的记忆库中,可通过有效刺激来提取。对于残存听力这点,听障者同时表现出与听力健全者和Ⅰ类失聪的相似之处,尤其是对世界的经验这一社会属性。

(五)听障者字幕翻译的适用人群

Neves(2008: 131)认为,听障者字幕翻译服务的特定失聪群体实际上是一个比较庞大的群体,其中两类失聪观众和听障观众的特征与需求各不相同,即使在这三类受众内部也不是整齐划一的,还可以进一步细分。作者在Neves的分类基础上,考虑到受众的语言能力、所属社会群体、残存听力与听觉记忆等方面,尝试区分一些更小的失聪受众群体(见表21),突出各群体最显著的特征,也可以此作为一种分类参考,以便更精准地确定听障者字幕翻译的受众。

表21 失聪受众的细分类型

(1) 有语言能力之前与之后的失聪观众
(2) 口语与手语表达型失聪观众
(3) 属于听力健全大众社群的失聪观众
(4) 属于语言小众群体的失聪观众
(5) 书面语为第二语言的失聪观众
(6) 有残存听力和(或)听觉记忆的失聪观众

除上述包括失聪类型、程度、原因、听力学指标、年龄、失聪类型三分法在内的主要分类标准与类型,还可以参考其他分类方法,例如以一些地区的法律法规为参照标准。

对于失聪类型的划分需要说明的是，无论是区分出Ⅰ类、Ⅱ类失聪与听障者三种类型，还是其他更细小的类型，对于探讨具体的观众需求很有帮助，若仅需要简单区分听障者字幕翻译与其他类型字幕翻译的受众，可以用“失聪观众”作为统称，概括不同程度丧失听觉的人，因此该模式所指受众需要考虑特定语境和目的。

四、视听翻译需求

（一）了解观众需求的必要性

1.视听翻译的观众

视听翻译研究有个新的趋势，而且在未来很可能成为大势所趋，即把注意力从原版作品的文本细节转移到翻译对观众可能产生的影响上来，更加重视观众群体(Bogucki & Díaz-Cintas, 2020)。既然越来越多地考虑到观众，一个值得思考的问题便是如何界定“观众”这个群体。作为视听翻译的发展动向之一，“大众传媒”的概念也发生了变化。Neves (2009: 151)认为，“‘大众’传媒的概念正发生变化：如今借助技术，可以把大众分割成较小的群体，产品可以量身定制，以满足各小群体的期待与需求”。因此Neves进一步主张，视听翻译的目标不再只照顾普通观众的需要，而是更关注不同更小观众群的需求，以更恰当的方式满足这些需求。

视听翻译的观众按照与观众有关的各种变量可以划分出从普通大众到学习语言的人等各种类型，还可根据视听翻译模式，区分各种受众类型，从传统的影视配音与字幕翻译的观众，到游戏本地化受众或游戏玩家，以及享受无障碍传播服务的有感官残疾的受众等。这些视听翻译观众类型正好印证了视听翻译的多样性(Bogucki, 2013)。若以受众或用户为导向的视听翻译引领市场，称为定制型视听翻译，对市场、行业均有益，是未来视听翻译的一个发展方向，有助于改良产品，满足用户需求，取得商业成功。

2. 听障者字幕翻译的观众

失聪与听障观众是视听翻译受众的一种类型，数量比较可观，但这类观众收看影视节目的视听翻译需求并没有予以充分照顾。而且，对这类观众的需求也存在一些误解，例如认为标准的语际字幕可为所有类型的观众所用。实际上，听障观众有不同于普通观众的特殊需求，有时标准语际字幕提供的信息超过其接受负荷，而有时为了传递完整的符号信息，又需要添加额外信息（Díaz Cintas & Anderman, 2009）。

另一种误解是，听障者字幕翻译没有必要区分失聪与听力障碍这两类观众，因为二者密切关联，可以互补或甚至互换，所以制作语内字幕时，对这两类受众的需求一视同仁，但这种认为这类观众的每个小群体的需求本质上是一样的看法有误导嫌疑（Neves, 2009）。Neves（2008：131）对这种"一劳永逸"的解决方案一直持反对态度，指出为所有人提供同一套字幕，即使能满足大多数观众的需要，但对某些观众来说，一定是不恰当的，这种解决方案实际上没有照顾到任何一类观众。Nord（2000：195）表达了同样的观点，认为"想要满足所有接受者和所有目的的'弹性'文本注定会对任何人、任何目的都不适用，特地为此时此刻制作的文本才最能满足某种特定需求。"最合适的文本一定是专门为特定目的和特定受众制作的文本，如Nord所言，"若文本要对某个人或某群人有用，就需要根据其需求与期待量身定制"（同上）。

就写作而言，作者设想其读者，有助于指导作者在风格和语言方面决策，与之类似，了解各类失聪及听障观众的语言和交际需求，能为字幕译者提供重要信息，成为译者翻译时做选择的基础，根据需配字幕的视听文本类型与风格调整翻译工作，采取合适的翻译策略，为这些小众群体量身定制影视作品或其他视听产品的字幕版本，提供有价值的观影体验。总之，了解各类观众的具体需求，无论对听障者字幕翻译，还是对无障碍传播及视听翻译其他模式来说均有必要。

(二)失聪观众的需求

失聪观众的视听翻译需求不同于听力健全的普通观众,此外,他们的各种细分类型在看电影、电视或录像时,根据听障原因、语言水平、语言需求与能力等,也有各自不同的期待。了解失聪观众多样化的需求是满足这些需求的前提。就所采用的视听翻译模式而言,各类型听障观众对翻译模式有不同期待,例如两类失聪观众(Ⅰ类和Ⅱ类)中,母语为手语者较多采用手语翻译模式,而有听力障碍的人、以口语为第一语言的Ⅰ类失聪观众、有轻度听力障碍的观众这些群体则更偏好字幕,多采用听障者字幕翻译模式(Szarkowska, 2010)。除了翻译模式,还有更细微的喜好差异,例如有的观众不喜欢对掌声之类复杂背景音的书面描述,有的观众表示手语使之在阅读字幕时分心,也有观众不希望字幕的卡顿过于频繁(Gambier, 2003, 2008, 2018)。

在听障者字幕翻译中,这些小众群体对阅读字幕的要求各异。研究证实,母语为手语的失聪观众比第一语言为口语的失聪观众阅读速度更慢(Szarkowska, 2010)。所以听障者和两类失聪观众会因各自的阅读速度不同,喜欢不同的字幕类型,有的偏好编辑过的字幕,有的偏好字字对应的字幕,同时对声音(如讲话、音效和音乐)的反应也不相同,也因此期待字幕对声音有不同程度的描述,或详或略。

观众阅读需求的差异也体现在字幕与讲话的匹配度上。总的来说,听障者字幕翻译在这方面要求更宽松,除了编辑的需要,失聪观众并不太依赖听觉信息与书面文字的匹配,阅读速度慢的人更是如此(Skuggevik, 2010)。所以不难理解阅读能力有差异的听障观众需要与讲话有不同匹配度的字幕。以失聪儿童为例,他们阅读速度较慢,所以文本编辑幅度大,描述音效时较少采用听障者字幕常用的描述性方式,而喜欢用拟声形式(Zárate, 2010)。了解这些特点,能更好地为年幼失聪观众制作字幕。

此外,观众对视听作品某种特征持不同态度。以视听作品的音效为例,与普通字幕不同的是,听障者字幕除翻译对白,还会以书面形式描述剧情动作中的声音特征，提供有关音效和音乐的信息。音效对于各类失聪观众各有其效，例如可以激活听障者的听觉记忆，把残存听力聚焦于视听材料的相关内容部分；可以帮助年长丧失听力的人在旋律和节奏中寻找文化、社会和历史的参照；有助于先天性失聪者产生联想，以震动感知，借由文学或其他影视手段学会欣赏视听作品（Neves, 2009）。虽然描述音效对各类失聪观众都有帮助，但不同类型的观众对此的重视程度和需要的迫切性各异，制作字幕时可据此对音效的描述有所增减，无须时时巨细无遗而增加观众阅读字幕的额外负担。为听不见的观众描述音乐和音效是否有用、听障者字幕是否应包含音效、音效描述应详细到什么程度，这些问题仍在讨论中。总之，失聪及听障观众会进一步细分，需要符合各自特点的字幕翻译解决方案，如Neves（2009：167）所言，若字幕不加以区分，便没有什么意义。

五、结语

为满足不同观众的需求与期待，可提供各种视听翻译解决方案。Neves曾提议为每个视听节目制作多种版本，包括配音、语际字幕、语内和语际听障者字幕、改编型字幕等，这样就能最大程度满足不同观众的特定需求（同上）。语内和语际听障者字幕专为失聪及听障观众制作，失聪观众并非是同类同质的一个群体，其分类变量较多，细分类型也五花八门，理想的解决方案或许是为每部影片或节目制作不同的字幕版本。但实际上，这样做要考虑在经济和技术上是否可行，以及视听作品的制作方或出品方是否愿意为同一部节目支付各种版本的费用，以满足各种需求和喜好。毕竟比起普通大众，失聪观众仍属小众群体，成本控制也是一个重要考虑因素。

虽然为同一部影视节目制作不同视听翻译版本有诸多困难和限制条件，但为照顾听障人士的需求采用各种视听转换模式，让更广泛的观众群能接触到视听材料，属于对社会的重大贡献，也是无障碍传播的意义所在。如Gambier(2018: 52)所言,对所有听障者来说,如今能看到字幕,比起过去完全没有合适的字幕可用,已经是很大的改善。即使听障者字幕工作尚有诸多不尽如人意之处,也不能面面俱到,完全满足每种听障观众的需求,但如果能考虑到各个失聪小群体的特点,尽量使版本多样化一些,也是听障者字幕翻译未来的重要发展方向,同时也给无障碍传播和整个视听翻译一定的启示,值得为之不懈努力。

2.5 视听翻译模式的渠道转换与糅合

一、视听翻译模式的渠道转换

视听翻译涉及四种信息传递渠道，即听觉-语言渠道、听觉-非语言渠道、视觉-语言渠道、视觉-非语言渠道，各视听翻译模式以不同的排列组合方式，利用和操控这四种渠道（Deckert, 2013）。这些模式中，不少涉及某种渠道的转换，包括听觉与视觉的相互转换，或口语与书面语的相互转换。如表22所示的发生渠道转换的一些视听翻译模式（Dollerup, 2007: 35）。其中听觉渠道对应口语表达，视觉渠道对应书面表达，虽然普遍接受视听材料包含非语言信息，此处着眼于语言信息的渠道转换。

表22 发生渠道转换的视听翻译模式

翻译模式	渠道转换	描述
“视”译	书面→口语	口译员或笔译员对书面源文本的即兴口语翻译
配音	口语→口语	把口语的源文本翻译成口语的目标文本
字幕翻译	口语→书面	把看似口语的源文本翻译成书面的目标文本
歌剧戏剧字幕翻译	口语→书面	把歌剧和戏剧中所唱或所说的内容翻译成书面文本

以上所列的视听翻译模式属于比较传统的模式，主要是配音类和字幕翻译类，渠道转换发生在口语和书面语之间，仍然符合Jakobson（1959/2000）定义的“翻译”的范畴，而且主要关注语言的转换，往往只改变了听觉渠道的语言符号。

而后出现的一些新模式不仅涉及听觉到视觉渠道的转换，还有语言到非语言符号的转换，例如听障者字幕翻译、语音字幕翻译、字幕组等，改变了源文本的整个听觉渠道，既提供了语言符号的语内翻译（例如听障者字幕翻译和语音字幕翻译），也提供了语际翻译（例如字幕组），还把最相关的非语言符号用语言来描述，以满足少数目标观众的特定需求（如失聪或老年用户）或兴趣（例如日本动漫爱好者）（Perego & Pacinotti, 2020）。再以影像描述与口述字幕翻译为例，二者被称为描述手段，转换形式主要是语内转换和视觉到口语的转换，同时涉及语言与非语言的转换，其中影像描述把非语言的视觉信息译成文字，口述字幕翻译把语言的视觉信息译成口语文本。

二、视听翻译的模式糅合

（一）模式糅合的原因

视听翻译领域的一大变化趋势是视听翻译模式的变迁与糅合，用Zanotti与Ranzato（2019：174）的话说，即模式之间的“交叉”（intersections）或“混合”（hybridisation）。产生模式糅合的原因主要有视听翻译的多学科与跨学科性质、技术与媒体的发展，以及平台、材料、格式等的多样性。

1. 视听翻译的多学科与跨学科性质

视听翻译具有多学科与跨学科的性质，常常结合来自其他学科的概念或方法，也体现在众多的翻译模式上，正如Matamala与Orero（2013：2）的评论所说：“视听翻译的世界确实是个跨学科与多学科的自然栖息地，恰好反映了融合于非常复杂的媒体格式与播放方式的众多视听翻译模式”，甚至在视听翻译的研究与培训方面，“多学科的方法是其前进之路”。Zanotti与Ranzato（2019：174）也提到学科交叉为视听翻译带来的影响，指出有积极意义的学科交叉所取得的最有意义的成就，是把语言分析的范畴拓展到文字以外的领域，例如把对声音的研究以及对声音的生理性研究（Bosseaux, 2015）、研究身体障碍的文化表现（Bruti & Zanotti, 2018）等学科与视听翻译相结合，融入配音、字幕翻译和其他翻译模式，进行模式的融合或者产生新的视听翻译模式。

2. 技术与媒体的发展

视听翻译几乎与技术和媒体的发展并驾齐驱，从早期的影视传媒、电脑、DVD、蓝光碟，到流媒体平台、智能手机、新通信与计算机技术等，随着新媒体、新技术的开发而出现一些新兴视听翻译模式。推动新模式出现的技术进步还包括更大的宽带容量、更好的连通性、对等的计算机应用、技术的普及，以及更容易获取的视频剪辑套件、字幕翻译免费软件、云端平台、录音应用软件等（Bogucki & Díaz-Cintas，2020）。

以云端字幕翻译和配字幕的平台为例，台式电脑的字幕翻译程序或软件一直是主要的字幕翻译工具，尤其为不少业余字幕翻译爱好者提供了方便。如今，云端字幕翻译和配字幕平台为字幕翻译提供了新的机遇，例如OOONA平台[1]或者ZOO平台[2]，是基于浏览器的系统，译者可以从世界任何地方，通过与互联网相连的任何设备进入，执行打时轴、翻译、审校和其他后期制作任务，不需要下载任何程序或软件应用，借此可以集合全球的本地化团队，提高速度、效率、安全性与可测量性（Bogucki & Díaz-Cintas，2020：17）。类似的云平台也为后来出现的众包等新模式提供了支持（参见视听材料的展示平台）。总之，正如Gambier（2008：16）所断言的那样，新的视听翻译模式随着新科技的诞生而迅速且持续不断地涌现，能越来越多地为观众提供针对性的服务。

3. 平台、材料、格式等的多样化

如前所述，如今众多的视听翻译模式融合于非常复杂的媒体格式与播放方式中，视听翻译的平台、材料和格式等呈现多样化的特征，例如现存的平台有云端的、智能的、关联的、混合的，所用的格式有电视、DVD、网络、移动通信、电影、歌剧、戏剧等，出现了共享并在其内部分享信息的翻译模式（Matamala & Orero，2013）。包括配音、画外音和字幕翻译在内的传统模式与影像描述、手语和听障者字幕翻译等新的无障碍传播模式并存,这些新模式包含了符际转换过程,远远超出了翻译在语言或文化层面上的传统定义。

平台、材料、格式等的多样化对视听翻译模式带来重要影响,最明显的是翻译材料的数字化,使截止日期更紧、精确度要求更高、能力要求发生变化(Di Giovanni & Gambier, 2018),因此业界呼吁采用满足这些要求的新的视听翻译模式或者把模式进行结合。另一影响是,把视听文本翻译的用途与翻译模式进行匹配不再是易事,加上诸如配音组或字幕组等越来越多的业余翻译的出现,匹配就更加困难。

以上原因再加上媒体翻译的新消费模式和用户的赋能,模式糅合有一定的需要,也是可行的。视听翻译的模式与技术可以出于便捷的目的进行结合,就像20世纪90年代电视与互联网开始结合一样,视听翻译会反映传媒领域的技术革新,并提供新的翻译解决方案。未来的一个发展方向是新的翻译模式甚至可以人机结合,减少与语言的相关性,增加与技术的相关性,带来称为“智能翻译”(Intelligent Translation)的快速发展,超越目前的“自动或机器翻译”(Automatic or Machine Translation)(Matamala & Orero, 2013: 3)。

(二)模式糅合的案例

为适应技术与媒体的革新、新的目标观众及其需求与期待等的变化而产生的模式糅合主要出现在一些新的视听翻译模式中,例如语际听障者字幕翻译、电子游戏本地化、治疗型字幕翻译、真人秀电视、幻灯片的翻译,以及更多的新兴领域。

听障者字幕翻译服务失聪及听障观众,为解决这类观众从听觉渠道接收影视节目内容的困难,字幕添加了除对白以外的额外信息,一般是语内字幕翻译。语际听障者字幕翻译(interlingual SDH)作为一种新的模式出现,实际上融合了两种常见的视听翻译模式,即普通语际字幕翻译(interlingual subtitling)与语内听障者字幕翻译(intralingual SDH)。这种模式有其独有的特点,与合成的两种模式既有共同点,也有差异,而且还根据播放的媒体而有所不同，例如字幕是在电视上还是在DVD上播放(Matamala & Orero, 2013)。

电子游戏本地化是较新的视听翻译类型，转换更多，模式融合也更多，有时候也叫作“创译”(transcreation)(见1.1从电影翻译到视听翻译)，可以包含任何转换，并把好几种视听翻译类型与软件的本地化结合在一起，制作目标版本。该模式的创新性与改变程度非常大。游戏本地化中，配音和字幕翻译常常结合在一起，或者可以在各个平台同时获得同一文本的各种翻译版本。以其中的字幕翻译为例，其有一种新的类型，称为“游戏字幕翻译”(game subtitling)，既有语内字幕，也有语际字幕，与常见的电视、DVD和电影的字幕翻译有所不同，体现在字幕长度与时长、字体、大小、颜色与背景、字幕辨识度、音效与情感展示、缩减与分割等方面，以加强可读性、理解程度、可玩性与可用性为目标(同上)。

Porteiro提出了两个学科领域交叉的一个有创见的概念，称为“治疗型字幕翻译”(therapeutic subtitling)，是口语语言疗法(Speech Language Therapy)与视听翻译相结合产生的一个新的专业领域或新模式，利用字幕来治疗发音等口语语言问题，例如字对字的同步语内字幕(Matamala & Orero, 2013)。Porteiro在研究中尝试用字幕来治疗发两个西班牙语摩擦音有困难的儿童，以BBC儿童卡通片《查理与劳拉》(*Charlie and Lola*, 2005)[3]作为语料库，提出了把儿童的注意力放在特定发音上的一个新的方法论。治疗型字幕翻译模式是在语言学习中应用字幕的新尝试。

翻译真人秀电视节目是不太常见的视听翻译类型，Rocío Baños研究西班牙真人秀电视如何打破各视听翻译模式的疆界，如何违反视听翻译的惯例(Zanotti & Ranzato, 2019)。西班牙真人秀电视节目多采用画外音翻译模式，但这种模式一般多用在纪录片。用在真人秀电视节目时，进行了模式的混合，一方面利用传统的画外音，先播放原声，再降低原声音量，加大画外音音量，特点是减少口语标识和延迟放送，以增加节目的真实感；另一方面混合了配音的一些特征，包括同步性、配音时的情感表达，还时常显示出即兴会话的特征。为真人秀电视配画外音独树一帜，也实现了模式的糅合。

幻灯片是一种老式媒体，其翻译也属于视听翻译范畴。虽然是一种较为少见的翻译形式，但随着如今幻灯片的数字化等技术革新，有不少爱好者也开始做幻灯片翻译，这种形式逐渐受到学界关注。幻灯片由成卷的电影胶片制成，包含了静止的图像和文本，其翻译具有潜在的教学功能。Levente Borsos 利用日本大阪大学外语学院匈牙利语系的一次课堂实验对此加以证明(同上)。根据幻灯片的媒体特征，即图像与文本并存，幻灯片翻译结合了普通文本的翻译方法和视听媒体常用的翻译方法，同时实现视听翻译与教学法的交叉，可用作外语教学课堂上字幕翻译的准备活动，开发其教学潜力。

除以上例子外，还有其他混合媒体及其带来的新的观众群体，例如媒体口译，尤其电视上的口译，与普通的会议口译、交替传译和同声传译不同，涉及对视听内容的口译和利用手语口译的媒体无障碍传播(Pöchhacker, 2018)；再如移动设备中的视听材料，由各种混合文本(hybrid texts)组成，全球化与用户类型的多元化，促使业界重新审视"观众"这个概念和使用各种媒体的"媒体用户"(Fernández-Costale, 2018)。

三、结语

科技的进步改变了与视听翻译密切相关的诸多方面，包括国际发行、消费习惯、观众类型、翻译公司和非专业译者的角色等。新的观众群体及其观影行为正向国际视听媒体传播和本地视听市场发起挑战(Orrego-Carmona, 2018)，不容置疑，这一切对视听翻译模式也会造成意想不到的影响，未来模式的糅合或新的模式会层出不穷。

注释：

1. OOONA平台，创建于2012年的媒体本地化工作流程平台，利用云技术在世界范围内提供专为媒体本地化打造的先进职业管理(例如翻译项目管理)和制作工具(例如综合工具包),服务于全球媒体和娱乐部门的语言服务提供者。

2. ZOO平台,集合全球制作中心、区域经理、行业专家等全球化团队,为任一地点的观众提供端到端的本地化与媒体服务。

3.《查理与劳拉》(*Charlie and Lola*,2005),一部根据Lauren Child的童话故事改编、BBC制作的英国儿童动画片,讲述了哥哥查理和妹妹劳拉的日常生活和冒险。

第三章 视听翻译者研究

3.1　视听翻译者职业概述

一、视听翻译者

自20世纪初电影诞生，电影翻译（主要是字幕翻译和配音）也应运而生。电影翻译是视听翻译的组成部分，与其他二十几种模式（如画外音、游戏本地化、影像描述等）一起构成了庞大的视听翻译领域。就视听翻译的译者而言，法国翻译学者Gouadec（2007）将其划分为三类，即字幕译者（subtitler）、配音人员（dubbing author）和本地化人员（localiser）。实际上从事视听翻译工作的人员按不同翻译模式各有专属的称谓，主要的名称如表23所示。

表23　从事视听翻译的人员名称

视听翻译模式	人员名称	
字幕翻译	字幕译者	subtitler
配音	配音人员	dubbing author
	配音演员	dubber
	配音译者	dubbing translator
游戏本地化	本地化人员	localiser
歌剧戏剧字幕翻译	歌剧戏剧字幕译者	surtitler
语音（口述）字幕翻译	口述者	respeaker
影像描述	朗读者	reader
	影像描述者	audio describer
手语口译	手语口译员	sign language interpreter/ signer

单个模式还可细分，例如从事字幕翻译的人员还可分为时间轴制作人（spotter）、译者（translator）和改编者（adaptor）（Díaz Cintas & Remael, 2007）。随着网络上视听翻译活动的踊跃兴盛，还出现了“配音兼字幕译者”（DUBnSUB's translator）这样的联合称谓或“配音演员”（voice actor）的称谓。总之，视听翻译所涉人员众多，统称为“视听翻译者”（audiovisual translator）[1]。

视听翻译模式众多、过程复杂、人员多样，一直以来学界对整个领域所知不多，对其译者更是鲜少研究，一定程度上造成了译者的“隐身”。作者以全球视角拟对该领域译者的职业状况一探究竟，剖析该职业既令人向往又神秘莫测的原因。了解该职业的特殊性，才能客观看待视听翻译者的作品，不会动辄得咎、肆意批评，给予译者更多尊重，也对未来有意从事此项工作的译者有所启示。

二、鲜为人知的身份

视听翻译者的“隐身”与其职业神秘感有关，Kuo（2015：163）曾不无遗憾地指出，视听翻译者（尤其字幕译者）的整体工作状况比较“神秘”，很少有关此话题的著述。我国情况也大抵如此，从2019年知网（CNKI）上发表的文章来看，有关译者的文章共387篇[2]，而有关视听翻译者（包括各种模式）的文章只有6篇[3]，占比不到2%，且多研究译者主体性单一方向。国内的译者研究与视听翻译者研究存在巨大差距，后者屈指可数，印证了Kuo（2015）的看法。

对视听翻译行业译者了解多少，从以下针对字幕译者的问题中可见一斑：是否知道某位专业字幕译者的姓名？是否知道如何查找这些专业人员的姓名？为何对这些人员所知不多？这是否重要？又是好是坏？如何能提高其关注度（visibility）？（Díaz Cintas & Remael, 2007：44）这些问题切中该职业的要害，一方面明确指出字幕译者的职业身份与其“受关注度”或“显形”直接相关，另一方面其答案大多是否定的，进一步证实了对该行业译者工作状况了解甚少这一事实。

三、行业吸引力

视听翻译的重要性日益显现，它作为一个行业充满神秘感，对于许多年轻译者和学翻译的学生不乏吸引力。Matamala(2005：48)作为从事视听翻译的自由译者，认为这是个“迷人的世界”，但同时也是“很难进入的领域”，采访她时，她非常鼓励年轻译者加入该行业。许多热情洋溢、雄心勃勃的年轻译者和希望投身其中的学生，对这个行业十分好奇，不免会刨根究底地抛出一大堆问题，如“我们能赚多少钱?”或“找活干容易吗?”，想在下定决心投入其中之前得到答案(Jankowska，2012：35)。

对这份职业的期待大多十分美好，例如在波兰，普遍看法是该职业“颇具声望、报酬丰厚、趣味盎然”，所以那些以此为业、辛苦工作的人应该感到满足(Jankowska，2012：53)。但实际情况表明，对该行业的期待——从工作的趣味性、报酬、难度等方面——都过于理想化。但它是否真是一个鲜花载道的理想行业？工作有趣、报酬丰厚，又不费时费力？作者从其入行和聘用方式入手，一窥该职业的面貌。

四、职业特点

(一)入行难度

该职业充满神秘感的原因之一是其入行难度和方式，入行难度大，渠道有限。首先，进入该行业难度较大。以波兰为例，Jankowska(2012：36)对波兰视听翻译行业进行了调研，普遍认为，不论从经济酬劳还是从行业准入来讲，该行业是一个“精英”行业，入行难度大，一般情况下，如果和业内没有联系，几乎不太可能成为视听翻译者。如何进入这个极具吸引力的“精英”行业是翻译新手的“最大挑战之一”，许多译者求而不得，入行无门(Jankowska，2012：45)。

Jankowska(2012)认为，虽然入职视听翻译行业有多种渠道，但首要条件是必须和业内有联系。Jankowska(2012：45-46)的调查显示，受访视听翻译者中，大多数(67%)是经由朋友推荐进入该领域的。若没有业内联系渠道，要入行是“很难的”，除非受雇于不正规的制片厂，译者难免上当受骗，收入微薄。此外，许多人入行纯属偶然，如参加网上论坛、回复招聘广告、为独立电影节做志愿者等[4]，这种偶然性也是造成入行困难的原因之一。

我国的情况比较类似，有机会做电影翻译的人不少得益于与圈内的联系。例如比较有名的字幕译者贾秀琰，其入行纯属偶然，原本在八一电影制片厂(简称八一厂)做电影宣传工作，当时译制片负责人王进喜想物色一名电影翻译人员，需要英语好又是中文系毕业，贾秀琰本身喜欢英语和电影，也有翻译诗歌和短篇小说的经验，加上在同部门工作的机缘而被选中，短暂学习了一年电影译制后就开始了正式译制工作[5]。

国内电影翻译多找圈内人的原因之一是费用问题，负责影视翻译的制片厂在翻译方面经费少，所以常找愿意帮忙又不太在乎酬劳的熟人，但这种模式很难保证翻译的质量，因此出现进口片翻译水平参差不齐的情况。如贾秀琰翻译的《环太平洋》(*Pacific Rim*, 2013)[6]等影片曾引发部分观众讨论和质疑(袁冰涛,2013)。另一原因出自保密的考量，许多全球同步上映的好莱坞大片，在国内最早拿到原版剧本并看到影片的就是译者，如果这些被提前泄露，制片方将遭受巨大损失，译制厂也难辞其咎，选择圈内人来翻译比较可靠，但电影圈内英语水平高的人并不多，人选有限，导致但凡有一定英语水平的圈内人都有机会尝试做电影翻译，“通常是在很小的圈子里兜兜转转”[5]。

(二)招聘系统

除了以上入行方式，还有招聘这种方式，但该行业的招聘多有不规范的情况。Jankowska(2012：45)发现，不少波兰传媒发行商并没有遵循标准的招聘程序，而制片厂也很少建有自己的网站。即使建有网站，大多数情况下，网站提供的唯一联系信息只是一个网络联系方式或营销部门的通用电子邮箱，制片厂招聘渠道不多，招聘信息寥寥，使译者入行无门的困境雪上加霜。

由于缺乏明确而标准的招聘系统，视听翻译行业几乎“与世隔绝”，入行难而“令人泄气”（Jankowska，2012：55）。也许正因如此，进入该行业才需要关系或通过偶然的机会。在Jankowska（2012）对视听翻译者的访谈中，一位译者表达了不满，认为除了翻译工作不稳定、没有版税、编辑随意改变译文意思等种种不利条件，雇佣哪位并无明确的标准也是一大弊端。

招聘系统不规范，可能招聘到才不配位的人入职。一些经验丰富的译者透露，正是由于此，不少从业人员语言水平低、与翻译和视听翻译相关的知识匮乏。有译者愤怒地声讨这种状况：“这个市场充斥着没有语言能力的无能之人，连火柴盒上的说明都不会翻”（Jankowska，2012：55）。这番言语虽然过激，但确实指出了现状不尽如人意。

（三）主要聘用方式

1. 自由职业

给该职业带来神秘感的另一原因是其工作方式。以字幕翻译为例，字幕译者有两种聘用方式：做自由职业者和单位专职译者，两种方式并存，适用于不同工作环境，前者是字幕译者“最常见的聘用方式”，只有翻译量非常大时，某些单位才有专职常备人员（Díaz Cintas & Remael，2007：36）。

这种自由职业者的雇佣关系有时并非开诚布公。在芬兰，大学翻译专业的学生受聘为翻译公司工作，与公司签订版权转让等合同，翻译公司是其唯一工作来源，学生视之为雇主，以为自己是正式聘用的员工，但事实上，二者在法律上是客户与自由职业者的关系。只有产生纠纷后打官司的时候，二者实质的关系才浮出水面（Abdallah，2012）。由此可见自由职业这种聘用方式的潜在风险。

自由职业者虽是字幕译者“最常见的聘用方式”，但实际情况也因聘用单位而异。一般国营公共广播电视台多聘用专职译者，而私营翻译公司多与自由职业者合作;但有时国营电视台所聘自由译者的数量也可能超过专职译者的人数。

以克罗地亚为例(Nikolić, 2010: 99-100),其国营公共广播电视台为克罗地亚国家广播电视公司(HRT),1956年成立分部克罗地亚电视台(HTV),1989年电视台设立翻译与字幕翻译部(TSD)。该部门针对不同节目既做字幕翻译,也做配音,主要是前者,配字幕的节目有电影、剧集、纪录片(部分配音)、动画片(有时配音)、新闻、本土电影的海外推广(配外语字幕),每周总计完成约100小时的节目翻译。

该部门聘用约70名字幕译者,其中约40名为自由译者,为整个克罗地亚电视台(HTV)服务。该部门的字幕译者中,一半以上是自由职业者,超过电视台自有专职译者的人数。Nikolić对这些字幕译者进行了访谈,其中一项调查译者是否视自己为全职字幕译者的结果显示:12名受访者表示否认,9名受访者表示确认,而在给出肯定答复的受访者中,有3名实际上身兼他职,主要原因是做字幕翻译的收入大不如前,不得不身兼数职。鉴于有这种全职—兼职模糊不清的情况,实际的全职译者就更少了。国营电视台尚且如此,私营翻译公司则更甚。克罗地亚字幕翻译公司的6位受访者均否认自己为全职字幕译者。全职与非全职译者的人数差别,也印证了自由译者为“最常见”的聘用方式,因为只有非全职译者才有可能做自由职业者。

2. 业余译者

我国的情况有些不同,电影译制厂里除专业电影翻译外,不少是业余译者。国内翻译电影的译制片厂只有四家,即八一电影制片厂(简称八一厂)、长春电影译制厂、上海电影译制厂(简称上译)和北京电影译制厂(简称北译厂)。国内电影翻译体现了译制片的发展史,经历了从专业到业余的发展过程。2000年之前属于译制片的辉煌时期,电影翻译基本由译制厂专业人员完成,如上译有一个比较固定的由十多人组成的翻译组,囊括德语、法语、俄语、阿拉伯语等语种[5]。

2002年左右，国内电影业开始院线改制，迈入市场经济，原声字幕版也登陆院线，传统配音译制片逐渐式微，这种变革也影响到电影翻译。虽然各译制厂仍有一批专业过硬、颇具声望的译制导演、翻译、配音人员，如上译的狄菲菲、陆瑶蓉等，八一和北译厂有廖菁、张伟、杨和平、王进喜等，但译制厂的专业人员开始大幅缩减，大量译制人员为非专业人士。如八一厂实行配音团队临时组建，没有在编的译制导演、配音演员和翻译，八一厂曾与20~30位译者合作过，但保持长期联系的只有五六位；上译于2004年完成企业化改制后，把在职人员从69人减少到10人，在编翻译不过三四人且身兼数职。

之前提及的字幕译者贾秀琰也是一位业余译者，本是八一厂的电影宣传。为八一厂做电影翻译的有英语专业毕业的秘书、常用英语写作的《中国日报》记者、精通日韩语的职业翻译等。据称，"这个行业几乎没有正式工"[5]。

五、职业弊端

该职业虽然大众预期高，但有不少不利之处，尤其是自由职业这种聘用方式。做自由译者虽然有诸多好处，其一是时间灵活，如一位译者所说，"想度假就可以度假"，其二是可以在家工作，工作环境舒适，此外，工作量可自由选择，可以为几个雇主工作，想接多少工作就接多少，自由度更高，选择权更大（Nikolić，2010：103）。但是，该职业显而易见的缺点也不少，主要有收入低、谈判能力弱、不受尊重和单打独斗。

（一）收入低

字幕译者收入低，不仅与自由职业这一聘用方式有关，也与整个字幕翻译行业密切相关。在克罗地亚，Nikolić（2010：103-104）的调查显示，所有受访字幕译者——无论国营还是私营单位，是专职还是外聘译者——均表示，这份工作报酬微薄，用一位受访者的话说，是"少得可怜"。在波兰，Jankowska（2012：47）的调查也得出类似的结论，如一些视听翻译者评论道："我们以前正常工作，报酬也合理，如今也许去搬砖谋生也比做视听翻译好，要在这个领域活下来(包括交税)，实际需要干两份工作"。

我国的情况也比较类似，一部电影平均有900~1 200条字幕，译成中文一般每行20个字。好莱坞大片的制作成本要上千万甚至上亿美元。字幕翻译属于电影后期的附加环节，制作成本一般限定在4 000~7 000美元。但在我国，会把字幕翻译、配音、后期压制等工作直接打包，总价大约5万元人民币，相比起电影的制作成本确实"不值一提"[6]。

以2013年我国上映的美国电影《环太平洋》[7]为例，当年票房超过5亿元，但译制费仍是5万元，税后4万多，包含了所有译制人员的报酬，如导演、制片人、录音师、10多位配音演员，还要支付制作费、录音棚费用等，其中翻译所占比例就更小了。就字幕翻译而言，一般每部影片2 500~3 000元，字数1.5万~2万字，若像翻译公司那样以字数计费，还达不到普通翻译公司的水平。从个人收入看，根据分给四家译制片厂的进口影片配额，北京的译制片厂固定有六七位翻译，每人每年最多译六七部影片，年收入最多2万，在北京生活显然捉襟见肘，如贾秀琰所说，"哪怕是为了继续做这一行，我们也要另找工作，解决温饱问题"(见注释5)。

配音演员的境遇与之类似，国内专业配音演员的收入与普通白领相差无几，配音演员吴凌云表示，为电视剧集配音，通常300多元一集，与剧集的巨额制作费和明星们几百万甚至上亿的片酬相比，如冰山一角，而培养一位好的配音演员至少需要花十年的时间[8]。

做字幕翻译不仅报酬微薄，工作强度也比较大，不少字幕译者认为薪资与工作难度不相称。若仅以此为生，译者就必须非常辛苦地工作，还要承担某些"额外不便之处"，如在晚上、周末和节假日工作或持续工作很长时间。Nikolić(2010)得出结论：其一，该工作实属不易；其二，与工作难度和所担责任相比，译者所得寥寥无几。Jankowska(2012)也得出类似结论，如一位受访译者表示，视听翻译工作的一大缺点是工作辛苦，而薪资微薄，还耗时不少。

译者薪资微薄给行业带来了一定的恶果，最明显的是为获得适当收入，译者会多接活干，一旦超出译者能承受的工作量，会造成翻译质量降低(Nikolić, 2010)。另一后果是译者的不满情绪渐增。这主要由行业标准降低导致，包括薪资减少、时限紧、周末或节假日委派任务等，电影制片厂和电视台对此负有一定的责任(Jankowska, 2012)。波兰一些资深译者抱怨工作环境持续恶化，包括薪酬的减少，以及对译文质量的忽视等。在Jankowska(2012：53)的调查中，近1/3(28.5%)的受访者不太喜欢这份工作，其中22%声称“不满意”，6.5%表示“非常不满意”。这种不满情绪最终会导致人才流失，如Nikolić(2010)的调查显示，这是字幕译者辞职不干、彻底放弃该职业的主要原因之一。Jankowska(2012)的访谈中，一位译者解释正因为如此，在该领域从业10多年后，最终心灰意冷，决定转行。贾秀琰也在采访中表示，“电影翻译不是一个具有旺盛生命力的产业。这个工作居于幕后，而且几乎不可能赚钱，所以，在现在的背景下，它很难成为年轻人追求的事业或是梦想。留下来的人都是因为喜爱”(见注释5)。

(二)谈判能力弱

视听翻译者收入低，原因之一是薪资谈判能力弱，对薪酬没有决定权。从Kuo(2015：175)对字幕译者的调查中可知：69%的译者一般会接受客户提出的薪酬，不会再次谈判，17.3%的人会与客户协商薪资，8.9%的人由工会代表其谈判，只有4.9%的受访者能决定自己的薪酬是多少。

译者在定薪资和支付条件方面的谈判能力弱，一定程度上是由译者与客户之间不同的合作方式造成的。合作方式主要有两种：译者直接为客户工作或者通过翻译中介机构承接工作。Kuo发现，只有20%的受访者直接为客户工作，而通过翻译机构承接工作的人数超过其两倍(43.6%)。以翻译机构为中介不用担心客源，工作比较稳定，但也降低了协商薪资的可能性。因为许多翻译机构全球化，在全球设点，一般在薪资和支付条件上有固定政策，译者只能逆来顺受。若碰到经验丰富、能力很强的译者，某些机构或许会通融，但转圜余地通常有限，毕竟翻译公司也要赚钱，而缩减译者的薪资便是有效途径之一。

造成译者谈判能力弱的另一原因与客源有关。翻译客源一般比较集中,这意味着工作来源非常有限。Kuo(2015: 176)调查了译者的固定客户,占比最多的是有两三个客户的译者(47.3%),其次是单个客户(30.8%);有四个以上客户的译者(15.4%)占比较小,也有译者(6.5%)没有任何固定客户。客源集中使译者对客户过于依赖,会尽量满足客户的要求,希望能保持长期合作关系。一旦译者与客户商讨薪资问题,客户会觉得其"咄咄逼人",译者很容易失去客户。Kuo认为这种关系本质上是不平等的,译者即使对薪资不满意,但想要留住客户,也没有多少选择余地,只能接受。

另一个影响谈判能力的因素是工作习惯,主要指自由译者在家工作的习惯。Kuo(2015: 177)的数据显示,92.3%的受访者"总是"或"大多数时候"在家为特定客户工作。这种工作方式缩小了译者的客户范围,加剧了对客源的依赖,也进一步降低了其谈判能力。译者的谈判能力弱、薪酬低,直接影响该行业的从业积极性。

(三)不受尊重

视听翻译工作不受尊重,与收入低直接相关,如为字幕翻译公司工作的一位译者所说,"就像翻译有趣材料的其他翻译形式一样,字幕翻译薪酬低廉,所以这个行业饱受轻慢"(Nikolić, 2010: 105)。Jankowska(2012)在对视听翻译者的调研中发现,该行业存在种种弊端,包括工作不稳定、缺乏译文质量评价体系、译者对文本没有话语权等,尤其是不受客户和观众的重视,二者往往对视听翻译的限制条件和具体要求不太了解。换句话说,对该行业的"轻慢"态度主要表现在客户和观众身上。

客户对待该行业的态度首先反映在译者的薪资水平上,译者收入偏低,显示客户无论对整个行业还是译者都不太看重。客户对译者的定位也反映出同样的问题。一位译者这样描述客户的态度:"客户根本不在乎我们有没有周末或节假日,也不关心我们也需要时间陪家人或者去度个假。在他们眼里,我们就是机器,没日没夜地干活"(Jankowska, 2012: 55)。

观众对译者的态度进一步加剧了这一困境。一些字幕译者认为，自己就是个“摆设”，只为了方便观众评价，一方面让观众有机会夸赞电影主创的精彩表现，另一方面可以批评译者，而且观众往往在后者上不遗余力、简单粗暴，赞誉难得一见（Nikolić，2010：104）。观众对译者的严苛态度，一定程度上反映了对该行业不够尊重。这源自对该工作和整个行业知之甚少，不了解视听翻译的特殊性，所以不能客观看待某些翻译现象和做法，形成几乎动辄得咎的风气。考虑到视听翻译的难度和从业人员的不足，对待译者应该更加宽容，多予以鼓励，更有助于行业健康蓬勃地发展。

（四）单打独斗

视听翻译的主要受聘方式是自由职业，所以译者一般独立工作，采用单打独斗的模式。这种工作模式有诸多不利之处：其一，译者无所倚仗，只能自力更生，完全依赖自身的专业能力完成工作；其二，造成信息闭塞，不仅外行难以了解这份职业以及译者的工作状况，对从业人员自身而言，独自工作也限制了信息在同行间传递，无法互通有无，加剧了该行业的封闭性。这也对译者身心健康不利，他们长期默默耕耘，缺乏同他人接触与交流，加上工作强度和压力大，精神难免压抑。一位字幕译者曾表示，该工作是“一份孤独的工作，很多人都受不了”（Nikolić，2010：104）。Jankowska（2012：55）的调查也显示，一些译者抱怨感到孤独、与世隔绝，认为独自干活是“难以忍受”的情况之一。

以上列举了视听翻译工作的普遍弊端，但常言道“彼之佳酿，吾之砒霜”，其利弊也是相对而言，视译者而定。以做自由译者本身来讲，有人认为是优点，可以在家办公或自由选择办公地点。喜欢这种工作模式的人如是说：“我做喜欢的工作，也不用每天去上班。我喜欢各种各样的话题、可以自行安排时间，不必拴在同一家公司，可以一直锻炼语言能力，提高自己的水平”。总而言之，视听翻译工作的这些缺点也是做视听翻译者要面对的挑战，也有一定积极意义。

六、结语

视听翻译者——以字幕译者为典型——是一份神秘又极具诱惑的职业。虽然不少雄心勃勃的年轻译者心向往之,跃跃欲试,但无论从就业渠道还是从专业技能方面来讲,入行难度大,渠道有限。从事该行业对译者个人来讲有利有弊,主要缺点为工作强度大,收入低,薪资谈判能力弱,译者在社会上未得到足够尊重,日复一日孤坐桌前,埋首书山译海,以纸笔为伴,仿佛与世隔绝。若不了解职业特点,缺乏孤独前行的决心,贸然投入其中,未必能长久。在此,给欲从事该行业的译者一句忠告:择此业需谨慎。好的一面是,作为孤独行者的视听翻译者,艰苦跋涉,路途虽多寂寥,但看到自己译制的影视作品传到千家万户,为普通大众津津乐道,所有孜孜求索的辛劳便足以得到慰藉。

注释:

1. 视听翻译模式众多,文中主要针对字幕翻译和配音两种模式。
2. 该数据在知网上以"译者"为篇名检索而得。
3. 该数据在注释2检索篇目中筛选而得,其中有关字幕译者3篇(含1篇硕士论文)、新闻译者1篇、戏曲译者1篇(报纸)、歌曲译者1篇(辑刊)。
4. Jankowska(2012)在研究中把这些入行方式按照受访者比例从大到小进行了排列。
5. 参见"中国电影翻译靠工资养不活自己 民间字幕组崛起",腾讯娱乐网(2013年8月23日)。
6. "没有电脑的默片年代,字幕居然可以这么有趣",知乎专栏(2017年12月15日)。
7. 《环太平洋》(*Pacific Rim*, 2013),由Guillermo del Toro执导的美国科幻电影。电影讲述在未来地球世界,人类抵御太平洋出现的平行世界巨兽的斗争。该片于2013年在美国上映,同年在中国内地上映。
8. "演员演技烂,就别让配音背锅了吧",腾讯新闻网(2020年11月11日)。

3.2　视听翻译者的“隐身”

一、概述

在视听翻译领域从事翻译工作的人员统称为“视听翻译者”(audiovisual translator),具体各种模式的译者也有专属的称谓[1]。视听翻译者如今面临诸多困境,如对其专业技能的重重挑战、职业的现状和发展前景不好等。和文学翻译一样,视听翻译者的困境之一是社会认可度较低,用Díaz Cintas与Remael(2007: 44)的话说,“视听翻译者作为整体——尤其是字幕译者——并没有得到社会认可”。这样的处境造成了视听翻译者的“隐身”,这种“隐身”主要表现在版权和版税方面,以及电影片尾的致谢名单上。下文剖析这些“隐身”的表现,并探讨一些改变该状况的措施。

二、版权与致谢名单

(一)版权与致谢名单署名问题的一般原则

一部作品的版权实际上由两种权利构成:一种是使用权,通常根据达成的共同协议或与客户签订的合同行使,这种权利是可以出售的;另一种是精神权利,用以保护作者的作品不被篡改。使用权可以转让,前提是各方达成明确的一致意见,但精神权利不可转让,版权持有者不必也不应宣布放弃自己对作品的精神权利(Ivarsson & Carroll, 1998: 60)。

视听翻译者的版权源自译者的版权,而译者的版权则来源于对著作权的保护。国际上签订了两大公约确认了对著作权的保护,一是1886年在瑞士伯尔尼拟定的《伯尔尼公约》,另一个是1952年在日内瓦签订的《世界版权公约》。根据两大公约,译者与作者享有同样的版权,所以有权因为自己所做的工作而获得认可(Ivarsson & Carroll, 1998: 59)。

此外，联合国教科文组织（UNESCO）也肯定了译者的权利，在其《关于翻译人员和翻译作品的法律保护以及改善翻译人员地位的切实办法的建议》（1976）（简称《内罗毕建议书》）[2]第三节第五点作出如下建议：

> 保证翻译人员和翻译作品得到类似于作者享有的介绍，特别是译者姓名应在每一份出版的翻译作品上，戏剧招贴画上，广播或电视节目的介绍中，电影片头字幕以及一切推销材料上占有显著的位置；……

两大公约规定的译者版权也延伸至影视翻译领域（视听翻译领域），即该领域的译者也享有与作者同样的版权。具体来说，译者的版权也适用于字幕译者，若字幕译者无异议，其姓名应该出现在影片末尾或片头的致谢名单上（Ivarsson & Carroll, 1998; Díaz-Cintas & Remael, 2007）。字幕译者的版权并不排除某些必要的改动，如客户有权纠正影视作品的明显错误、改进计时、改变字幕行的分布，以及影片编辑之后进行其他必要的改动（Ivarsson & Carroll, 1998）。这些变动都是在字幕译者版权允许的范围内。

（二）署名问题的例外情况

在版权与致谢名单署名问题的一般原则下，还存在某些正当的不署名情况。例如，某些特定节目原则上可以不署名，如电视节目中不到10分钟的内容、新闻节目的译文等，除非有需要署名的特殊原因，一般译者不署名（Ivarsson & Carroll, 1998: 60）。

再者，某些视听翻译模式的版权问题有争议。由于视听翻译模式众多，情况纷繁复杂，对其版权署名问题并没有达成一致意见。对某些视听翻译模式的版权问题，有学者提出了质疑，如听障者字幕翻译（SDH），其版权状况并不明朗，但Ivarsson与Carroll（1998: 59）仍然认为这种视听翻译模式“也通常被视为一种创作活动，这就意味着，该模式的字幕译者也应该署名”。

还有一种较为常见的情况，即视听翻译者自己谢绝在致谢名单上署名。Kuo（2015：180）曾对字幕译者做过这方面的实证调查，研究结果显示，在受访者中，6.5%不想署名，19.1%希望“只是在某些情况下”署名，而所谓的“某些情况”仅限于：完成翻译任务的时间充足、能有机会确认修订过的版本、个人对影片喜欢、没有通过中介公司直接与客户合作等。Kuo得出的结论是，字幕译者对自己作品的信心，大大影响了其对待受不受认可的态度。换句话说，对自己作品越有信心，就越期待得到认可，反之就越不热衷于署名。

字幕译者谢绝署名的原因很多，每位译者的情况也不相同，但一个主要原因是，字幕翻译这种模式有其特殊性，字幕译者的译文出于语言或技术等原因后期可能会被其他人改动，尤其是在修订阶段，而译者本人不赞同这些改动，更有甚者，字幕译者根本没有机会确认修订过的版本（Díaz-Cintas & Remael, 2007; Kuo, 2015）。如此一来，字幕译者对自己作品的信心大大动摇，不愿在上述情况下承担最后成品质量的责任，由此而谢绝署名，这也印证了Kuo得出的结论。以上都是可以接受的不署名的情况，但在某种程度上也造成了译者无版权无署名的事实。

（三）行业版权实际状况

原则上，与其他译者一样，字幕译者拥有版权，但实际上在不少国家，字幕译者并没有自己作品的版权，因此也不会获得版税。如西班牙和希腊等国，并不认可字幕翻译这种活动拥有版权（Díaz-Cintas & Remael, 2007; Kuo, 2015）。最常见的视听翻译模式尚且如此，可以想象其他模式所面临的困境。

除了某些国家否认字幕译者的版权，造成字幕译者没有版权的原因还有版权转让。字幕翻译行业的常见做法是，译者把版权转让给承接翻译任务的公司，一般是翻译公司或专业字幕翻译公司（Díaz-Cintas & Remael, 2007）。大多数时候这种转让是译者与翻译公司签订合同时所要求的，译者不得不同意。在芬兰，一般要求字幕译者把版权转让给翻译公司，例如不少做此工作的大学翻译专业的学生与一家知名翻译公司Giddyup Text签订合同，就会宣布放弃版权（Abdallah, 2012）。在克罗地亚，Nikolić（2010）对克罗地亚电视台（HTV）的字幕翻译状况进行了调查，结果显示，字幕译者与电视台所签合同使其放弃了作为作者拥有的所有权利，包括版权。以上种种证实了字幕翻译行业译者没有版权是比较常见的现象。就整个视听翻译行业而言，所面临的实际困难也大同小异。

（四）致谢名单署名实际状况

按照致谢名单署名的一般原则，字幕译者有署名的权利。Kuo（2015：179-180）对字幕翻译的实证研究指出，字幕行业人员有强烈愿望提高其社会和职业认可度。大约74.4%的受访译者称“总是”希望在电影字幕版的致谢名单上署名，而行业的实际情况事与愿违，只有24.7%的人“总是”能够署名致谢，而14.7%的人“从未”署过名，5.1%的人对自己是否署了名一无所知。不仅字幕译者，也包括字幕翻译公司，很多时候没有出现在电影字幕版片尾的致谢名单上，这被认为是“想要隐身的一种做法”（Díaz-Cintas & Remael, 2007：40）。

译者署名与否，国与国之间区别较大，有些国家比其他国家对字幕译者更尊重，因此署名的比例更高，如Kuo提到的丹麦、芬兰、挪威、瑞典等北欧国家，这些国家有自己的国情，部分原因是法律明文规定字幕译者拥有致谢署名权，还有部分原因是字幕译者得到了强大的行业组织的支持。在我国，电影字幕版一般会署上译者或翻译公司的名字，取决于影片是内部翻译的，还是外包给翻译公司完成的。作者留意过几部进口大片，有的署译者的名字，有的署翻译公司的名字。

而在某些国家，字幕译者的署名比例并不高，例如Nikolić（2010）对克罗地亚电视台（HTV）的调查显示，字幕译者并不在片尾致谢名单上署名。受访的一位译者表示，字幕译者和字幕校对人的名字均不会出现在节目末尾，没人知道他们是“节目播放之前制作文本的人”，这位译者认为这是该行业的弊端之一，剥夺译者的署名权，奉行这种“爱干不干”的工作原则,对字幕译者不够尊重(Nikolić, 2010: 104-105)。

此外,署名的位置也影响到译者的受关注度。署名致谢既可以在片头,也可以在片尾,目前最常见的做法是放在片尾。致谢署名放在片尾的不利之处,是大多数观众都看不到,毕竟没有多少人有耐心在电影放映完毕后还待在影院,等致谢名单放完后才离开,除非特意想要了解译者的姓名,看看谁该为翻译得糟糕透顶、错误连篇的字幕负责,或者又是谁的翻译如妙语连珠。

简而言之,字幕译者的署名状况并不乐观,远远比不上文学翻译的译者。毕竟在文学翻译领域,大多数出版著作都署上了译者的名字。字幕译者如果不署名,则把其地位置于文学翻译的译者之下,也侧面反映出视听翻译不如文学翻译受重视。署名问题造成了负面影响,降低了字幕译者的社会认可度,Díaz-Cintas与Remael(2007: 40)因此把字幕译者描述为"被迫隐身",也影响到其版权,"这种负面影响表现最明显的是字幕译者对自己的作品没有版权"。可见版权与致谢署名息息相关。

三、版税问题

除了版权、致谢署名,视听翻译者的社会认可度还表现在版税方面。一般情况下,有版权就有权获得版税。但如前所述的种种情形,视听翻译者(尤其是字幕译者)实际上很多时候没有版权,所以也没有版税。Kuo(2015: 177)曾评论道,无论是享有自己作品的版权而获得版税,还是因所配字幕的节目的分销而获得版税,这些对于字幕译者来说都是"罕见的"情况。在这方面,视听翻译也远不及文学翻译,文学翻译的译者不仅可以在大多数出版著作中署名,更有可能签订合同,确认其获得版税的权利。

Kuo(2015: 178)对字幕译者的版税情况进行了调查,结果显示,绝大多数受访译者(84.2%)表示"从未"因所配字幕的节目的再次出售而获得过版税[3]。Kuo解释了部分原因:

> 电影的字幕翻译一般在影片拍摄完之后进行,逐条制作,由

> 承包该任务的公司或个人完成，他们与最初的电影拍摄过程并无关联，也不会从之后影片的发行中获取版税。
>
> （转引自Kuo, 2015: 177）

从以上解释可以看到，字幕译者没有版税，主要是因为字幕翻译与电影拍摄本身没有多大关系，是在影片拍摄完毕之后才做的工作，因此与电影相关的利益没有多少瓜葛，自然不会从影片的发行中获利，包括版税。

虽然视听翻译者获得版税的机会不大，但仍有某些国家或客户保障译者的此项权利。Jankowska(2012)对波兰视听翻译行业进行了调查，指出视听翻译者的很大部分收入来自版税，由波兰作家与戏剧家协会(Polish Association of Writers and Composers for the Stage，缩写为ZAiKS)支付。不仅如此，波兰还对此以法律明文规定，根据1994年2月4日颁布的《版权与相关权利法案》(*Copyright and Related Rights*)，波兰视听翻译者协会(The Polish Association of Audiovisual Translators，缩写为STAW)建议，每次采用其作品，译者都应该获得报酬，包括在电视上和影院重播重映、各种DVD版本、在公共汽车和飞机上放映(Jankowska, 2012: 51)。

除了国别差异，对版税的保障更多来自客户的意愿。Kuo(2015: 178)的研究显示，字幕译者获得版税的权利较少依赖任何法律上的保障，而更多取决于公司的意愿，这些公司多设立在特定国家，对版税的保障力度较大，如对版税状况比较乐观的受访者中，有2.8%的人认为获得版税是“理所当然的”，2.6%的人声称“经常”获得版税，这些译者的客户和委托人一般来自芬兰、挪威、丹麦、法国、澳大利亚、斯洛文尼亚、泰国和美国等国。这些国家的做法较好地保护了译者的权利。

而某些情况正好相反，在波兰，即使有法律保障此项权利，视听翻译者没能获得版税也是常态。如Jankowska(2012: 52)对波兰视听翻译者的调查中，近一半(48%)的受访者表示没有获得版税。Jankowska不无遗憾地指出，很多时候，雇主侵犯了译者的合法权利，没在合同中包含版税这一项，甚至没让译者签署版权转让同意书。其他某些国家的版税状况也耐人寻味，如西班牙一般不认可字幕翻译这种活动拥有版权，却认可配音可以获得版税（Díaz-Cintas & Remael, 2007）。

总而言之，和字幕译者一样，视听翻译者实实在在做了翻译工作，但无论是名还是利，似乎都与其无缘，心中不免忿忿不平。Jankowska（2012: 55）对视听翻译者进行的访谈中，一位译者解释了对工作不满的原因，包括翻译工作不稳定、译者招聘没有明确标准、编辑对译文的更改，其中明确指出没有版税是主要原因之一。

四、改变译者隐身状况的措施

无论是版权和版税，还是影片的致谢署名方面，视听翻译者都处于"隐身"状态，受关注度不高，社会认可度较低。要改变视听翻译者在社会认可方面的隐身状况，促进行业发展，帮助他们获得社会普遍认可，需要采取一些措施，从提升行业地位、提高对视听翻译的重视程度、创建行业协会等多个方面做出努力。

（一）提升行业地位

视听翻译者的地位一定程度上反映了该行业的地位。学界一向认为视听翻译低于文学翻译、典籍翻译这样的传统翻译，甚至受到整个翻译研究领域的排斥，认为这种活动并不属于翻译活动，所以也不应该归类为翻译研究领域（见 Ivarsson & Carroll, 1998; Gambier, 2003; Deckert, 2013）。视听翻译本身这种"边缘化"的地位，使译者的处境雪上加霜，所以当务之急是要提高人们对整个视听翻译行业的认可度。

提升行业地位，积极有效的措施是要让大众认识到视听翻译的作用。Eugeni（2011）以电影的语际字幕翻译为例，指出这种视听翻译模式对影片在全球推广有着不可或缺的作用，而字幕译者对此功不可没。他呼吁电影制作和发行公司积极看待该视听翻译模式，对此产生更大的兴趣，并更重视字幕译者所做的工作。

Díaz-Cintas 与 Remael（2007）提出了一些促进字幕翻译行业发展的具

体方法,包括在影片致谢名单上署上译者姓名,可见译者的署名问题与行业发展息息相关,起到互相促进的作用。二人的其他建议包括:在国家电影数据库中录入署名致谢人员的具体信息、为最佳电影字幕版和配音版设立年度奖项、出版作品注明影片和译者名称、创建网站提供以上信息等。

配音界在不少领域首开先河,编纂了百科全书并设立了网站。百科全书方面,*Castellano*(2000)可以算是意大利配音百科全书,提供有关电影和情景喜剧的译者、配音演员和配音导演的信息;网站方面,有eldoblaje网站、doublage网站等众多配音网站(Díaz-Cintas & Remael, 2007: 40)。这些措施大大提升了配音行业的地位,使配音行业领先于字幕翻译行业。但视听翻译作为一个整体,需要各模式和各行业齐头并进,共同发展。

(二)创建行业协会

创建行业协会是提高视听翻译者受关注的举措之一,不仅能为译者发声疾呼,改善译者的工作环境,还能在译者签订合同时增强其谈判能力,从各方面捍卫译者的合法权益,加大其社会认可度。Nikolić(2010)对克罗地亚字幕译者的调查充分显示,该行业的一大弊端是没有专业团体代表字幕译者的利益。该行业同行之间本就鲜少沟通,如此一来字幕译者的处境越发不利,而如果有了行业协会,可以帮助译者与雇主进行谈判,协商更好的报酬。

联合国教科文组织(UNESCO)也大力提倡建立译者的行业协会。在其《内罗毕建议书》(1976)[4]第三节第七点中,呼吁成员国采取措施以促进译者的职业组织以及代表译者的其他组织或协会的创建和发展:

> 此外,各会员国应鼓励旨在保证有效地代表翻译人员及有利于创立和发展翻译人员专业组织或协会以及其他代表翻译人员的组织的措施,这些组织负责确定指导职业活动的规则和义务,维护翻译人员的精神与物质利益,并便利翻译人员之间以及翻译人员与所译原作品作者之间的语言、文化、科学与技术的交流。

《内罗毕建议书》明确指出建立行业协会是促进翻译行业发展的措施之一,并提醒大众关注译界亟待解决的问题,包括有效代表译者的组织或协会、明确职业规范与责任、捍卫译者的精神与物质利益、促进译者之间以及译者与原作者之间的语言、文化、科技交流等。

在各方积极倡导下,近年来,一些行业协会纷纷创建起来。如波兰视听翻译者协会(STAW),该组织与波兰译者协会(STP)一起开展推广视听翻译的活动,如组织专题研讨会探讨配音、字幕翻译、画外音、影像描述和听障者字幕翻译等模式(Jankowska, 2012: 35)。一个由工会代表组成的视听翻译者协会(avtranslators 网站)"最雄心勃勃",旨在传递视听翻译领域的新闻,交流有关协议与合同、工作条件和价格的信息(Díaz-Cintas & Remael, 2007: 40)。

一些知名团体还包括欧洲的"欧洲屏幕翻译研究协会"(European Association for Studies in Screen Translation, ESIST, 1995)、英国的"字幕译者协会"(The Subtitler's Association, SUBTLE, 2007)、法国的"视听译者与改编者协会"(Association des Traducteurs et Adaptateurs de l'Audiovisuel, Ataa, 2011)[5]。其他各国和地区如丹麦、挪威、巴伦西亚等均有自己的视听翻译者协会(Díaz-Cintas & Remael, 2007)。照此趋势,比较乐观的预测是,未来还会建立更多视听翻译者的组织,助力提升视听翻译者的地位。

五、结语

如今视听翻译的发展势头更加迅猛,主要得益于国内外电影产业的蓬勃发展。有数据显示,中国电影票房2018年已经达到300亿,用时167天[6]。根据中国影协发布的《2019中国电影产业研究报告》,中国已经成为北美之外的世界第二大票仓,拉动全球电影业整体增长1.2%,有望在全球电影市场与美国和中美之外市场三分天下[7]。

在此背景下,视听翻译的潜力无可限量,而且随着技术的发展,更多视听翻译模式涌现,视听翻译早就应该取得与文学翻译同等的地位。而与此大势相悖的是对视听翻译者的认可度不足，以各种理由忽视译者的版权和版税，以及在电影中署名的权利未得到保障，使对视听翻译作出巨大贡献的译者始终默默无闻，“隐身”于台前幕后，加剧了其艰难的处境。视听翻译行业要更健康地发展下去，除了提升行业地位、创建行业协会，还要采取其他积极措施，使译者“显形”，能够无比自豪地与影视作品的主创人员、其他类型的翻译人员一起比肩而立。

注释：

1. 视听翻译所涉模式众多，此处多指两大主要模式，即字幕翻译和配音，而视听翻译者此处主要指字幕译者，若指配音译者会特别指明。
2. 1976年11月22日在内罗毕召开的第十九届联合国教科文组织大会通过了《关于翻译人员和翻译作品的法律保护以及改善翻译人员地位的切实办法的建议》(*Recommendation on the legal protection of translators and translations and the practical means to improve the status of translators*, 1976)，简称《内罗毕建议书》，这是由国际组织颁布的第一份关于翻译职业的文件。英文原文见联合国教科文组织网站；汉语版见联合国教科文组织网站。
3. Kuo(2015)对字幕译者版税的调查显示了从“从未”获得版税到“总是”会获得版税之间的数个等级，也调查了受访者获得版税数额的百分比以及数额不等的原因，但此处只关注译者是否获得版税。
4. 参见注释2。
5. 参见各协会网站：European Association for Studies in Screen Translation, ESIST, 1995; The Subtitler's Association, SUBTLE, 2007; Association des Traducteurs et Adaptateurs de l'Audiovisuel, Ataa, 2011。
6. 见“2018年中国电影票房突破300亿”：搜狐网站(2018年7月4日)。
7. 见“中国影协发布《2019中国电影产业研究报告》”：光明网(2019年6月24日)。

3.3　字幕译者的定位与分工模式

一、概述

各视听翻译模式有特定的翻译人员(参见3.1视听翻译者职业概述)。对于字幕翻译,国内研究最多的是翻译策略和翻译理论的指导作用(如余卫华、陈胜,2019;张阿林、曾哲琳,2019),研究字幕翻译人员的并不多,常见于报端的是对某部影片字幕的抨击之声*。此处探讨字幕译者的三种职能分工,各分工模式的差异,有哪些利弊、需要哪些技能等问题,并指出该行业在分工协作与功能整合方面的新趋势。

二、字幕翻译流程

字幕翻译根据工作条件等因素,步骤不尽相同,可分为常规的、简化的和有通用模板(template)的三种流程(Ivarsson, 2009)。Ivarsson列出字幕翻译的常规流程,分为翻译、时间轴、审校和成品阶段。首先准备好设备(如个人电脑、磁带录像机、时码读出器、文字处理软件等),之后第一步是翻译影视节目的对白,翻译的同时做时间轴,标注字幕进出时间,并把字幕录入电脑。然后是审校,既要检查书面译文,还要在设备上边播放字幕,边检查修改。最后提交成品(拷贝了字幕的电脑软盘),与转播设备(如电影字幕机)连接,母带上的时间码便会自动播放字幕。

字幕翻译的简化流程如下:观看影片后,根据录音带或脚本为字幕计时;对照屏幕画面翻译字幕,再写入软盘;录制或传送时,手动做时间轴或由电视公司编时间码。若有通用模板,影片制作方已经预设了字幕的版式(如时间轴等),只需依预设版式来翻译对白,甚至不需要观看影片。简化流程适合翻译量少、设备简单的情况,而通用模板多用于DVD的字幕翻译。

关于字幕翻译的分工，目前并没有既定的统一模式。Kapsaskis(2011)认为，字幕翻译分为技术类与翻译两大任务，前者指做时间轴，不对语言进行任何干预，后者指翻译视听材料，属于文字处理工作。Eugeni(2011)认为字幕翻译仅限于文字处理部分，从接收文件(对白、视频等)，熟悉内容(故事架构、语域、角色、情节等)，到语际或语内翻译，最后检查并提交字幕。字幕翻译分工也受工作条件影响，如是否有脚本和影片，要不要做时间轴，有没有带原版字幕的通用模板，做文字处理还是技术工作？作者根据字幕人员所承担的工作类型把字幕翻译的分工模式归纳为字幕制作人模式、字幕译者模式与功能整合模式三种。

三、字幕翻译三种模式

(一)字幕制作人模式

1. 分工模式

在传统字幕翻译分工中，Díaz Cintas与Remael(2007：34)提出三分法，指出整个过程涉及的专业人员包括时间轴制作人(spotter或subtitler)、译者(translator)和改编者(adaptor)。三分法中，有"译者"一职专门负责翻译，而"时间轴制作人"做技术工作。"做时间轴"也叫作"打时轴"或"计时"(spotting或time-cueing)，根据时间码，在考虑对话长度和媒体限制的基础上，把原始对白分割成配字幕的单元，并标出每条字幕进出的时间。打时轴时，由时间轴制作人向字幕制作设备下指令，指示何时插入或清除某条字幕，标记每句话的起始。

在有些分工模式中，虽没有明确提及"字幕译者"一职，也把译者与技术人员区分开。Ivarsson与Carroll(1998：178)指出，做时间轴是机械的操作过程，由"技术人员"(repérage)完成。Gambier与Gottlieb(2001：ix)也提出二分法，由负责文字处理的"译者"与负责技术的"技术员"

(technician)分别承担翻译、编辑和时间轴工作,共同完成字幕翻译。

这类负责技术的人虽然也叫作"subtitler",但既然不做翻译,称为"字幕译者"似乎并不合适。若按实际工作,称之为"时间轴制作人",完全等同于"spotter"也不妥,因为前者情况更复杂,还有其他任务,例如随着DVD的普及,要为译者做些辅助工作,如制作通用模板、提供有注释的原版字幕(Díaz Cintas & Remael, 2007)。因此,以示区别,称为"字幕制作人"似乎更合适。

2. 技能要求

字幕制作人需要哪些技能?Pym在讨论译员培训时,提出译者应具备"最基本的翻译能力",指不受题材、文化等所限的普适能力,用以区分译者与其他专业人员,如字幕制作人、术语专家、审校人、本地化人员等(Kapsaskis, 2011)。这说明译者的普适能力与字幕制作人的专业技能有所不同。字幕制作人作为技术员,懂技术是绝对必要条件,要懂如何做时间轴,要对配字幕的工作驾轻就熟。除技术外,还要有电影知识与文学知识,如电影语言和叙事手法,能处理镜头切换之类的诸多问题。既然不做翻译,对语言能力要求不高,不一定要懂原版影片的语言,不要求有外语能力(Díaz Cintas & Remael, 2007)。

3. 模式弊端

字幕制作人只做时间轴,这种模式的弊端显而易见:字幕的分割不仅仅涉及机械的技术工作,还要考虑其他要素,首先是阅读速度问题,字幕翻译有声画与书面译文同步的特殊要求,必须考虑到观众的阅读速度要与字幕的展示时间匹配;其次是语言问题,影片对白的语言自有其精妙之处,也会出现一些基于语言与文化的特殊语言现象,如幽默等,只有懂语言才知道如何分割字幕能产生妙语连珠的效果,而字幕制作人语言能力有限,难免分割不当,差强人意。

(二)字幕译者模式

1. 分工模式

字幕译者模式下,译者既做时间轴,也做翻译,凡是做翻译工作的,一般可称为"译者"。这种分工就是一般理解的从事字幕翻译的"字幕译者"。Nikolič(2010)在字幕译者(subtitler)、审校人(proof reader)和整合人员(simulator)三种分工中,指出字幕译者负责审校之前的翻译和计时工作。Georgakopoulou描述了这个过程:字幕译者为影片计时,按时间轴把译文插入对应时间段,之后在电脑上播放预演,同时修改措词和计时(Kapsaskis, 2011)。

2. 技能要求

字幕译者负责翻译与时间轴,要求具备这两方面的技能。其翻译技能既包括传统书面翻译技能,也有字幕翻译的特殊要求。作者结合Skuggevik(2009)的观点总结出字幕翻译所需的五种能力,即技术、语言、文化、共情和综合能力(见表24)。

表24 字幕翻译技能要求

(1) 技术能力	处理实际操作问题,如软件使用、断行、屏幕上定位、时空限制等
(2) 语言能力	做翻译的语言技能,对源语与目标语的敏感度
(3) 文化能力	了解语言之外的社会文化
(4) 共情能力	理解伴随对白的肢体动作的心理或情感因素
(5) 综合能力	翻译特定字幕时,考虑具体限制条件和可能性,综合以上能力,从整体上选择翻译策略

与普通译者相比,对字幕译者的语言和知识要求更高。Ivarsson与Carroll(1998)强调,字幕译者不仅需要精通口语,还要掌握超过大学水平

的渊博知识，熟知五花八门的场景中形形色色的人物所使用的各式各样的习语，在知识的深度和广度方面为普通译者远远不及。二人生动地描述道：字幕译者必须熟知能想到的每种场景中各式各样的习语，从关于数理逻辑的大学研讨会，到利物浦某个毒虫咒骂毒贩，再到目不识丁的撒丁人对着绵羊喃喃自语。必须熟知无论是博大精深的知识，还是琐碎的点点滴滴，无论是最深奥难懂的科学，还是稀松平常的事物，这些东西也许只有在某个国家生活多年才会有所了解。(Ivarsson & Carroll, 1998: 105)

此外，字幕译者在翻译质量上要求也高，在译文准确性上树立了高标准，这主要与字幕翻译这一特殊模式相关。普通译者翻译书籍遇到难题，有多种解决办法，如采用较长的解释性译文或作脚注。而对于字幕译者，因受到时空的限制，加上这些条件无法变动，以上常规方案皆不可取，可选方案有限，对各方面技能要求更高。

也因为这一特殊的翻译模式，观众对译文错漏之处容忍度较低。无论译本读者，还是看配音版的电影观众，一般接触不到源文本，即使怀疑某处翻译错误，也必须对照原文才能查看，实际上少有人会如此大费周章。而在字幕翻译中，字幕与影片画面和口语对白同步，观众能听到原始对白，能看见译文，二者之间任何细微的差异、错漏之处，懂源语的人马上就能发现。还有一些特殊语言现象，如与语音有关的笑话或双关语，译者往往感到相当棘手。普通译者有时会选择直接省掉，而字幕译者一旦这么做，漏翻之处显而易见。所以字幕译者常因翻译不准确或不忠实于原对白而饱受诟病，因此必须小心谨慎。

值得一提的是，字幕译者要有交际能力。Skuggevik(2009)指出，字幕翻译并不像文学翻译那样在乎翻译的完整性，字幕翻译中视觉与听觉渠道并存且互补，只完成部分翻译，更注重交际行为本身的转换，像在交际行为中那样，要考虑语境、读者、文化预设、言外之意等相关因素。以语域问题为例，译者往往把原对白中非正式的口语体变成字幕中更正式的语言，这样语言虽标准，却并不合适，无论词汇还是句法层面，都应该符合原对白的语域特征，这需要“高超的交际能力”，才能不拘泥于“咬文嚼字”的风格(Tveit,2009:88)。共情能力也是交际能力的一种,不仅要明白话语的意思,也要理解伴随动作的心理或情感动因,这种情景是“最难分析”,也是“最普遍的”(Skuggevik,2009:198)。

综上所述,字幕译者应兼具普通翻译与字幕翻译的技能。常有人问普通译者能否做字幕翻译?答案是不一定,前提是要掌握上述技能,需要进行培训,才能从事这种高难度工作。

3. 模式利弊

字幕译者这一模式有利有弊。好处是既利用了时间轴制作人对技术的掌握,也得益于译者的语言造诣,尤其是语言能力,能做翻译、编辑字幕,对做时间轴也大有助益。译者可以根据源语的文体特征、目标观众的特性等,对字幕进行编辑工作,例如对比较冗长的字幕进行恰当的删减。字幕制作人模式之弊正好是字幕译者之利,后者可以根据阅读速度、语言特征来分割字幕、打时轴,分割会更合理,效果更好。

字幕译者模式也有局限性。缺点之一:无论文字处理,还是技术方面,译者均没有最终决定权。对译文影响最大的是“改编者”,译者做翻译,而改编者负责改编译文,达到文字、技术和审美方面的要求。Díaz Cintas与Remael(2007: 34)认为,改编者是“处理媒体限制问题的专家”,在把译文插入字幕行的过程中,深谙精简之道,在不影响原意的前提下,找到更短小的近义词,甚至改变句子结构。实际上译者与改编者共同完成文字处理工作,后者也涵盖了其他学者提到的不同人员,如负责改写的后期译者(Gouadec, 2007)、修订人员(Kuo, 2015)、负责部分文字处理的电视台审校人(Nikolič, 2010)等。在技术方面,字幕译者也没有决定权,主要由字幕翻译公司的整合人员把关,能看到影片最终字幕版的是电视台审校人和整合人员。

缺点二:字幕译者虽没有最终决定权,却要为翻译质量负责。例如审校人和整合人员按各自标准修改译文,不一定会和字幕译者讨论,甚至不会告知,也就是说字幕译者对这些改动要么一无所知,要么并不赞同。而作为译文提供者,影视节目末尾一般会署上字幕译者的名字,这表示字幕译者要为这些改动负责,未免不太公平。

(三)功能整合模式

1.整合的必要性

无论是字幕制作人模式,还是字幕译者模式,各有不足。总体来讲,功能细分弊大于利,而且随着工作流程发生变化,字幕翻译行业如今更提倡功能的整合。

首先,字幕翻译工作是一个连贯整体,各步骤环环相扣,相互交织,泾渭分明的分工反而影响翻译质量。配字幕人员根据分工进行的人员定位类型包括字幕制作人—译者—改编者,或者字幕译者—审校人—整合人员等。这几种都有缺点:一是参与人员越多反而越碍事,二是即使身为译者,却并不负责最终成品,而译文的修改一直持续到最后阶段,造成版本差异,权责不明,意见不统一,最终作品质量不乐观。

其次,除译者外,其他参与人员的语言能力始终是软肋,对不做翻译的人员在语言能力上基本没有要求,无须懂原版影视节目的语言,这一点则成为隐患。若不懂原版语言,做时间轴时,便领悟不了对白的连珠妙语,字幕分割难免不当;到字幕翻译最后阶段,容易曲解、背离源文本的意思。无论哪个阶段,都需要懂原版节目的语言,而字幕译者有此优势,适宜承担翻译之外的更多任务。

再者,从字幕翻译行业实际情况看,能胜任的工作越多,收入越高。在整个视听翻译行业,虽有国别差异,大多数译者都是自由职业者,所以越是多才多艺,工作机会就越多,功能整合之后的收入会比传统分工更高。Díaz Cintas 与 Remael(2007)指出,字幕译者的功能合并越来越得到业内认可,在影视字幕翻译界逐渐变成行业规范。

此外,工作流程的改变也影响到字幕翻译分工。随着视听翻译的发展,从技术、市场到行业都发生了变化,如从化学和光学技术发展到激光技术和数字成像,影视节目的市场推广营销策略发生变化,行业工作流程也随之改变，用Díaz Cintas(2006: 201)的话说，大约10年或12年前的通行做法如今显然已经过时。所以，无论字幕翻译还是配音，都不会固守原有分工模式，而是不断重新调整，功能整合也是大势所趋，赋予了从业人员新的职能。

2. 字幕翻译多面手

权衡了字幕翻译分工的种种利弊之后，许多学者提倡将诸多功能合并，但对整合的方式和程度则并未达成一致意见，主要有三种方案：第一种主张翻译与技术工作结合；第二种主张把翻译工作延伸到改编、编辑和审校部分；第三种把技术工作与文本加工合二为一。

整合模式之一，把文字转换与技术工作集于一身，这类最常见的是字幕译者模式，兼做时间轴与翻译。正如Luyken等的提议："理想的情况是，翻译与制作字幕的功能应该集于一身，这样还能降低因意思传递不准确而出错的风险"(Luyken, et al., 1991 : 57)。字幕译者还会承担其他技术任务，如声画同步。这种模式代表了业界的新趋势：把一些传统上分担的职位，如配音的译者与配音导演、字幕翻译的译者与同步声音与字幕的技术员，合二为一统称为"字幕译者"，不仅了解所有工序，也能胜任各项工作(Díaz Cintas, 2006: 201)。翻译与技术的结合，也反映在字幕翻译培训上。不少学者提倡培养学生的"多面手能力"，既能做翻译与时间轴，还能边翻译边进行声画同步(Bartrina & Espasa, 2005; De Marco, 2012)。

整合模式之二，把翻译工作扩展到其他文本加工形式，包括改编、编辑、审校。在字幕翻译中，字幕译者实际上可以完成改编工作，并不需要先提供译文初稿，再由改编者进一步打磨，以满足字幕的种种限制条件。把翻译和改编一气呵成，完成最终字幕，省时又省力，所以改编者在字幕翻译行业逐渐消失，被译者所取代(Díaz Cintas & Remael, 2007)。关于审校任务，Gouadec(2007)提出要么由译者自己把控翻译质量，完成所有必要的改动与修订，要么由专人负责，对质量严格把关。Ivarsson与Carroll(1998)也支持把审校工作交给字幕译者，但也接受由专门的"修订人"

(reviser)来进行质量控制。

整合模式之三,把技术工作与文本加工合二为一,实际结合了前两种模式,由字幕译者完成时间轴、翻译、编辑或改编。Díaz Cintas与Remael(2007: 35)在《视听翻译:字幕翻译》一书中说明,"本书认可也提倡把字幕译者作为负责以下三项任务的专业人员:时间轴、翻译、改编(语内和语际)字幕"。字幕译者也因此需要具备上述三项技能:做时间轴的技术知识、语言转换的语言文化基础、信息的缩略能力。

四、结论

关于配字幕人员选择哪一种分工模式更为合适,尚无定论。在字幕翻译行业,既有功能的合并,多项职能集于一身,也有多人分担任务的现实,如希腊和西班牙的字幕翻译行业,由字幕译者负责所有步骤,或者由字幕制作人与译者分别做时间轴和翻译,两种方式并存(Sokoli, 2009)。许多因素对此造成影响,如国别、区域、行业、机构的具体限制条件。

字幕翻译的分工与整合并非一成不变,DVD产业的兴起成为流程变革的里程碑,在此之前,字幕翻译更倾向于功能整合,而之后则出现了新的分工方式。DVD一般有多语种字幕版,由字幕翻译公司提供通用模板,已经制作了时间轴,为各语种版本提供完成了分割的模板字幕(master titles),实际完成了各版本都需要的初期工作,之后只需译者译入各语种即可(Díaz Cintas & Remael, 2007)。所以不论译入什么语言,字幕的计时都是一模一样的,字幕制作因此更标准,简化了流程,提高了效率。如今如网飞(Netflix)等流媒体平台着眼于全球化推广,也采用了类似的模板字幕模式。

字幕翻译各步骤的合与分是个动态过程,会根据技术发展、新视听产品的出现、工作流程的变革而发生变化。从一般影视作品到DVD的字幕翻译,到为失聪观众制作字幕、新闻转播实时字幕等,更多字幕翻译类型涌现,其参与人员、工作流程皆有差别,值得更多研究。

注释:

* 参见"传《环太平洋》翻译因过度发挥遭中影封杀",新浪娱乐(2013年8月16日)。

3.4 配音译者的"名"与"实"

一、概述

视听翻译是翻译研究的新兴领域,覆盖范围广,包含电影的配音和字幕翻译、画外音、歌剧与戏剧的字幕翻译、影像描述、游戏本地化等多达二三十种模式。其中配音与字幕翻译是最早也是最主要的视听翻译模式。

简单来说,配音就是换声,有广义与狭义之分。广义"配音"指"用另一种声音覆盖视听作品中的原始声音"(Shuttleworth & Cowie, 2005: 60)。广义范畴囊括了用同种语言来换声的多种形式口语转换,如画外音、叙述、自由解说(Shuttleworth & Cowie, 2005; O'Connell, 1998/2008)、语内配音或后期同步(De Marco, 2012)。狭义"配音"指"用某种声音替代原话,新讲话在计时、措词、口型方面要尽量接近原话"(Luyken et al. 1991: 31)。这种换声方法有语种的转换,还要对上口型,比如放映外国影片,屏幕上演员却说的是观众的母语。

此处仅限狭义的配音,既然有语种的转换,必然有翻译活动。传统书面翻译中,译者承担翻译任务,并对译文负责。配音是一种特殊的翻译模式,其译者之职是否与普通译者无二?配音行业是否接受"译者"之名,抑或另有所称?下文剖析配音中译者的职能及其职能的得与失,同时探讨译者之名,以及"名"与"实"的关系。

二、国内外对视听翻译中译者的研究

关于视听翻译中的译者,国内外只有零星研究。20世纪60、70年代,国外开始从职业角度探讨视听翻译者(如Myers, 1973; Reid, 1978, 1983)。前期大多讨论对译者的要求,如出色的视听翻译者要具备什么条

件(O'Connell, 2007);如何选择字幕译者和配音演员(Gambier, 2003);在不同工作环境下(如国营或私营、国家或地方电视广播公司、视频行业等)由谁负责语言转换(同上)。有学者对这类译者进行了分类,如Gouadec(2007: 111)划分了字幕译者(subtitler)、配音人员(dubbing author)、(软件、网页、电子游戏的)本地化人员(localiser),统称为"媒体译者"(media translator)。本书作者把视听翻译领域所有译者称为"视听翻译者"。

我国对视听翻译者的研究多采用经验式、访谈式或追忆式,不少讨论字幕译者采用的翻译策略(如李敬科,2019)或者描述配音演员的创作经验(如张倩,2019)。无论从广度还是从深度来看,国内对视听翻译者的研究略显不足(国内研究状况参见3.1视听翻译者职业概述)。作者研究配音中的译者,剖析了其职能与称谓的种种争议,采取多元化的全球视角,比较了中外理论与实践,并结合学术性与职业角度,解读译者在视听翻译领域的定位。

三、配音的特点

配音作为一种特殊的翻译,在文本、流程和人员方面有自身特点,这也限定了译者所承担的职责。

(一)文本的多样性

传统翻译多是书面文本,而视听翻译所有模式涉及的文本都是多符号、多模态的视听文本。再细分一些,书面翻译一般分为源文本(source text)和目标文本(target text)。配音涉及的文本类型更多,有源文本、译文(translated text)、配音版(dubbed text)和回译(back translation)(Mendes, 2015: 254)。这里的"源文本"指屏幕上演员的原版台词;"译文"是脚本的译文初稿;"配音版"指配了音的对白;"回译"指对译文和配音版的直译。由此可见,配音中的文本多样又复杂[1]。

(二)流程的复杂性

传统书面翻译是从文本到文本的翻译,而配音有许多不同的任务,需要多人分担。各学者对配音步骤的总结不尽相同,其中Gouadec(2007)的归纳大概是最全面、最复杂的,列出多达28个详细的配音步骤,关键阶段包括识别、改编、笔迹、预约配音演员、录音、混音、回放等。马建丽(2013)列出我国传统译制片的制作步骤,有观看影片后进行的人文翻译、初对、复对、排戏、实录、鉴定、补戏和混录共八步,之后简化到五步。配音步骤有同有异,取决于多种因素,如配音作品、出品公司和制作团队、国别、学者和角度等。

学者们很早就认识到配音的复杂性。Nida(1964/2004: 178)指出,配音是"困难的"且"复杂的"。O'Connell(2008: 66)也认为配音"非常复杂""漫长",因而是个"花费不菲"的过程。Martinez(2004: 3)曾描述道,配音包含"数个密切相关的阶段,必须按照既定顺序和节奏进行,像一条生产线。倘若某个阶段耽搁了或出了问题,整条生产线都有可能受到影响。而且,由于参与人员众多,出问题是必然的"。

(三)人员的专业性

配音的各项任务需要专业人员完成,在特定阶段承担相应的任务,Gouadec(2007)认为配音流程的每个关键阶段至少配备一名专家。这样一来,参与人员的数量大大增加,其职责和称谓并未统一,要受配音流程、研究角度、使用领域(业界或学术界)等因素影响。例如Gouadec(2007)认为,配音团队包括配音项目经理、译者、改编者、音响师、配音演员和其他人员。Martinez(2004)提到译者、校对人、同步人员、配音员等。O'Connell(2008)则列出原版影片的编剧、译者、配音演员、配音导演、音效技术员等诸多人员。各家所列配音人员中,译者必不可少,而译者的职务必然受到上述配音特点的影响。

四、配音中译者的任务

包括配音在内的电影翻译非常复杂,如Nida(1964/2004)所说,电影译者比诗歌或歌曲的译者受到的限制更严格。这些限制涉及传播媒介、电影情节、影像画面、演员的手势和嘴唇动作、对白的语义内容、声音的抑扬顿挫,还有通过说话者的方言、口音、风格、词汇和文本内容所传递的文化内涵,以上都是"电影译者所面临的重重障碍"(Whitman-Linsen, 1992: 104)。所以,就难度而言,在各类翻译中,配音位列首位,不仅因其表达形式多种多样,也因为在技术上受到更多制约(Whitman-Linsen, 1992)。

国内外配音步骤虽有差别,但都有进行语言转换的翻译阶段,由译者完成,因此译者是所有配音流程的必备人员(见Martinez, 2004;Gouadec, 2007;O'Connell, 2008;De Marco, 2012;马建丽, 2013)。但配音行业对译者的要求却不同于传统书面翻译。传统翻译要求译者提供达到标准的译文终稿。而配音业并不要求译者提供这样的译文终稿,其常规做法是只需译者进行"直译",传递外延意义即可。简单说,译者一般只做"粗略"的翻译,制作一个"粗略的直译版本"(De Marco, 2012; Snell-Hornby, 2006)。在我国译制片制作中,这一步叫作"人文翻译"或"台本翻译"(马建丽,2013: 151)。这个阶段对译者的要求就是"信",即忠实于原文(马建丽,欧梨成, 2016)。

如前所述,配音过程涉及多种文本,在翻译阶段,"源文本"是屏幕上演员的原版台词,由其产生的"译文"并非能直接在配音棚使用的配音稿,而是配音稿或台本的初稿。这个"粗略的直译版本"只需忠实地翻译原版台词,不需要考虑同步(synchronisation)的要求,并未达到配音稿的标准,只能作为配音稿的基础。译者随后把"译文"交给"对白作者"(dialogue writer),由后者来完成配音稿的制作工作(Whitman-Linsen, 1992)。

五、配音译者的局限性

按照常规配音流程,译者只承担初译任务。这种职能设定有其局限性，无论对配音程序还是对语言文化信息的传递都有影响。

（一）对配音程序的影响

译者的任务影响了配音过程，主要后果包括临时译文和单一配音来源。

1. 临时译文

译者提供的译文主要是为了让对白作者了解对白的字面意思，之后译文要经他人之手，被多次修改，到了最后录音阶段，改动会更大。所以译者并没有译文的最终决定权，所提供的译文只是临时译文而已。确切地说，影片最终的配音版是多人协作的结果，正如Martinez（2004：5）的结论，“整个配音过程所有阶段都在一定程度上涉及对译者提供的译文的操控”。

译文提交之后，要进行改编，配音实质上就是个“改编”的过程，用Gouadec（2007：53）的话说，配音是“根据语言文化和技术的限制来改编配音脚本的漫长而复杂的过程”。语言文化和技术制约是改编的主要原因，影响改编内容的还有其他非文本因素，包括对口型、对白时长相等、身势同步等（Chaume，2004；Gouadec，2007；Mendes，2015）。

译者之后，干预译文的首先是对白作者（或改编者），主要负责“对口型”（lip synchrony），指“屏幕上演员每次嘴唇开合要与声音匹配，最好完全一致，尤其有特写镜头的时候”（Mendes，2015：254）。在译者提供的译文基础上，对白作者找到意思相同、对上口型的词汇，把译文转换成声画同步的对白。此外，译文也要满足“身势同步”（kinesic synchrony）的要求，即“译文与屏幕上角色的姿势一致”（同上）。

到了录音阶段，配音导演和演员还要继续对译文终稿（也称配音稿或台本）进行修订和改编。这种调整工作之所以必要，因为无论译者在翻译时，还是对白作者在制作配音稿时，均无法预测录制对白时配音演员可能碰到的所有困难，只有排演的时候，才能判断某句译文是否合适，所以Mendes（2015：264）总结道，“在配音棚对译文进行操控不可避免”。

根据配音流程，配音导演和演员承担了录音和改编工作，边录边改，反复进行，在此阶段完成配音稿的定稿和录音任务。我国译制片导演除以上常规任务外，还负责选定配音演员、构思译制创作、提炼语言等（马建丽, 2013）。在我国配音流程中，译者完成翻译后，译制导演和由某个配音演员担任的“口型员”合作，对台词进行修改和润色，对上口型，并使译文通俗易懂（马建丽，欧梨成, 2016）。

除了对白作者、配音导演和演员，还有技术人员（如技术员、音响师或音效师等）也会干预译文。如果译文修改涉及同步、音效、语调，技术人员也有一定话语权（Whitman-Linsen, 1992）。此外，某些现实题材的行业剧还会聘用精通相关主题的专家参与其中，检查译文和配音稿，给予专业建议，使对白更专业、更准确（Snell-Hornby, 2006）。由此可见，在配音各阶段，众多人员都参与了译文的修订与改编，译者提供的译文只是这一系列工序的起点，译者的话语权微乎其微，无法为译文的质量负责。

2. 单一配音来源

从电影翻译面临的重重障碍与限制条件来看，作为其主要模式之一的配音位列榜首。不仅如此，配音还是一种“整体翻译”，代表了翻译艺术的巅峰（Whitman-Linsen, 1992: 104）。所以就复杂程度而言，配音中要译、要考量的东西很多，如语言的外延与内涵意义、语言与文化的独特性、文本与发音的匹配，还要考虑影片中演员的身势、口型和面部表情等错综复杂的细枝末节。而译者提供的译文虽是临时的，却是所有后续工作的唯一来源，以上种种考量都基于此单一来源，用 Whitman-Linsen（1992: 113）的话说，是后续所有工作的“立足点”，若仅仅把此译文当作临时文本来对待，有“误导之嫌”。

包括译者在内，参与配音的人员对译文的态度影响到译文质量。众人都认为译者的任务只是提供临时文本而已，所以对译文质量要求不高，除“字面意思”外，对译文语言的准确性、是否符合表达习惯、行文是否流畅、能否满足同步等没有严格要求，有些甚至不做任何要求。最糟的情况是，译文初稿作为唯一来源，其中的错漏之处很可能会延续到配音稿和影片最终的配音版中，那些词汇、句法、语法或风格上的错误统统保留下来。这种做法无疑把鸡蛋放在一个篮子里。仅靠译者一人及其提供的“粗略”译文为整个配音任务打基础，就像为整栋大厦打地基一样，所以Whitman-Linsen（1992：104）认为实际上配音“根基薄弱，摇摇欲坠”。

（二）对语言文化信息的影响

配音译者的工作方式不仅对配音流程有影响，还会影响语言文化信息的传递。在翻译普通文本时，直译带来诸多问题。不少翻译理论家（如Nida，1964/2004）对逐字翻译的恰当性提出了质疑。这种译法在配音中问题更多，主要有信息遗漏、不符合习惯的表达方法和文化障碍。

1.遗漏信息

在配音中，直译的一大弊端是出现信息的遗漏，影响到译文的准确性。此处“信息”指副语言信息和视听信息。副语言信息是通过语言之外的一些特征来传达的信息，如语气、音高、哭喊或叹气声等，以及辅助语言的肢体动作、身势、面部表情等（De Marco，2012）。视听信息包括对白之外的语言信息与影响情节发展的非语言因素。前者包括影片中作为背景杂音的广播电视节目和通告、画面中的海报张贴、广告牌、报纸标题、书信内容等；后者如时空背景、氛围、场景等（Whitman-Linsen，1992）。影片脚本中一般除了对白，只有寥寥几笔描述对白的伴随动作，而对包含副语言信息与视听信息的实景情况鲜有记录。译者除了把对白翻译过来外，无法了解这些相关信息，并将其转换成文字，所以普遍遗漏了这类信息[2]。

缺乏这些信息的辅助，单凭字面意思，理解影片有困难，甚至会造成语义的曲解。例如，“Uncle！ Uncle！”一词直译为“叔叔！叔叔！”表面上忠实于原文，实际上电影中影像提供的场景信息表明，这是个在打斗中表达放弃之意的俚语词，应译作“我投降”之类。其他如反语、幽默、半开玩笑的戏谑等通过语调来表达意义的情况也容易造成误解。简单如“好极了！”这样的话，若没有语调和场景的辅助，如何知道是表达由衷的赞叹，还是讽刺挖苦之意？这类信息不仅涉及影片的理解问题，还影响到人物的塑造。影片角色在言谈举止中展现的个人特征，如年纪、社会地位、口音，以及其他凸显其口语特征的元素，译者在翻译时没法了解，又如何据此遣词用句，翻译出鲜活的人物形象？由于缺乏副语言信息和视听信息而造成误解丛生或人设不符的例子不胜枚举。

2. 不符合表达习惯

配音中直译的另一弊端是译文生硬、不自然，词汇搭配、语法与句法违反常规，语域与风格夸张做作。什么样的译文才算地道，能成为适合配音演员说出来的台词？一言以蔽之，原始对白翻译过来也要符合对白的特点，即要"自然"且"真实"。"自然"不仅指语言符合标准用法，更指对白要听起来"自然"，这就需要把译文大声说出来，反复检查修改，改掉某些生硬突兀的说法（Gouadec, 2007; Mendes, 2015）。

对白要"真实"指对白要完美契合动作，要与原版影片中演员的肢体语言（手势、姿势等）和表情保持一致；还要契合角色的塑造，如选择恰当的口音、说话节奏、语调等与口语相关的因素，显示目标语和言语行为的其他特色，符合特定角色的说话习惯和场景（Gouadec, 2007; Hurtado de Mendoza Azaola, 2009）。"自然"且"真实"的最终目标是要努力发挥语言与文化方面的创造力，让每个角色的话语各有千秋，避免犹如"千人一面"的"标准化语言"或"相似的标准化风格"（Pavesi & Perego, 2006: 105）。而以上对白的要求，译者翻译文本时不大会考虑，直译的译文往往达不到这样的要求。

3. 文化障碍

配音过程中有必要对译文初稿进行改编的另一个原因是文化因素。Gouadec（2007: 53）也认为"配音是个很好的例子说明译者碰到的有关文化的问题"。译者只提供脚本的直译版，对文化因素与观众接受情况的考量不足，例如某些异国文化特色、口语化表达、笑话等，观众理解困难，都是超出直译范畴、需要改编的文化内容。

例如,原版影片出现目标文化群体不熟悉的手势与身势语时,就需要将这些非语言信息转化为原脚本中没有的台词对白,通过听觉渠道解释动作画面,传达该信息。Wehn(2001:66)支持这样的做法,认为"如果镜头包含与行动过程相关的信息,需要观众明白,这种代码转换就变得必要了"。而译者缺乏这些视觉信息,也没有预料到观众会理解困难,所以没有进行这种代码转换。再以笑话为例,原版影片中的笑话能不能讲?该如何讲?若译者只翻译笑话的字面意思,达不到效果,又该怎么办?怎样填补这段声音空白?这些都不是译者会考虑的问题,最后结果堪虞。

综上所述,鉴于译者提供的直译版本有诸多弊端,部分学者并不认可这种译文是合格的翻译,只是对白作者用来了解对白大意的手段而已,所以称之为"准翻译"(hypo translation)(Patou-Patucchi, 2009: 141)。这种"准翻译"没有达到一般翻译的标准,反而产生种种问题,如译者因专注单纯的词汇转换而忽略了源语的真正信息、译文是否易读易懂、目标语的规则不同于源语的语法结构等。因此,Whitman-Linsen(1992)一针见血地指出,如果认为这样的译文是扎实的"直译"译文,这种看法是错误的,大大削弱了本该是配音链条上最关键的一环。

六、配音译者的称谓

配音中译者的任务很大程度上影响到对译者的称谓。配音译者毕竟要做翻译工作,所以与其他类型的翻译人员一样,称为"译者",我国习惯叫"翻译"(马建丽, 2013)。为显示与普通书面翻译有所区别,有时称谓也会稍有不同,如从工作性质来分,称为"电影译者"或"配音译者"(Pavesi & Perego, 2006);从工作方式来看,叫作"概括译者"(Gouadec, 2007)或"初稿译者"(Whitman-Linsen, 1992)。

在配音行业,大部分从业人员对"译者"这一称呼并无异议,但也有反对之声。意大利配音业普遍不接受"译者"的称谓,究其原因,主要与职业荣誉感和配音流程相关。就职业荣誉感而言,业内人士认为,翻译工作多少带有从属、被动、非原创等性质，所以不承认自己做的工作仅仅属于翻译的范畴，自然也不愿意被称为“译者”(Pavesi & Perego, 2006)。这种不以身为译者为荣的风气由来已久，在学术界和业界比比皆是，类似对文学翻译的译者的看法，认为翻译“不过是次要的工作、仿制品、赝品而已”，自然不配“艺术”之名，既“不为人所知”，也“无甚价值”(Whitman-Linsen, 1992: 96)。鉴于此，意大利配音业排斥“译者”之名，常用“对白改编者”(dialogue adaptor)，甚至“作者”(author)的称呼取而代之，表明更注重其工作的“艺术性、创造性和权威性”(Pavesi & Perego, 2006: 100)。

再者，从配音流程来看，配音过程复杂，涉及一系列工序，但流程会根据作品、公司、国别等而有所不同，各步骤也非泾渭分明，本就划分不清，自然导致称谓和相关术语不一致。因此译者的职责范围也会有所差异。De Marco(2012)就认为“译者”与“对白作者”实际上完成同样的工作，既然如此，又何来二者之分？在我国译制片制作中，译者除了翻译，还参与了剧本编辑工作(又叫“初对”)，这个阶段和配音导演、充当口型员的配音演员一起完成该任务(马建丽，2013)。这样一来，称其为“译者”或“翻译”，似乎不太准确，会造成误解。

七、配音译者的未来之路

把配音流程进行简单划分，可以分为写作与表演两部分，前者包括翻译和改编，后者涉及配音导演和演员(Patou-Patucchi, 2009)。写作部分主要做文字处理工作，文本有译文初稿与配音稿，由译者与对白作者分别负责。实际上，配音中翻译与改编关系紧密，可把二者看作译文或台本的不同阶段。这样一来，是否有必要区分译者与对白作者？是否有必要把译者的职责仅限于提供直译的译文？作者认为把译者与对白作者的工作分开并无必要。

首先，因翻译类型特殊而对翻译进行分工，这样做本身没有必要。例如诗歌翻译，与配音相似，也是一种特殊的翻译。但不管译诗难度多大，要求多高，通常是由某个具备译诗能力的人来做，一般不会让一个懂源语的人和一个使用目标语的诗人共同完成，前者告诉后者原诗的字面意思，后者以诗句形式进行再创作（Whitman-Linsen, 1992）。既然译诗如此，配音的翻译又何必需要分工？

其次，把翻译与改编分开弊大于利。若译者与对白作者各司其职，协作完成翻译稿，文本转换和文字处理工作迂回曲折，不能一气呵成，不仅费时费钱，还会造成错误源源不断。反之，若二者整合，除了避免以上问题外，还可以降低其他风险，如意思改变、偏离原文风格、电影信息传递不畅等，最终采用的配音稿也更连贯。

再者，二者职能整合，在实践中也可行。Patou-Patucchi（2009）以亲身经历证明，出色的专业译者如果要学会改编脚本和完成对口型的技术工作是轻而易举的，但若是译者之外的其他人员，承担这些任务，尤其是翻译，就捉襟见肘了。

在各国配音行业中，已经有不少二合一的做法。巴西配音业的译者除了翻译，也负责改编配音稿（Mendes, 2015）。法国配音业要求译者提供的译文满足不同类型的同步要求，要准确得当，还要“适合表演”，这就要求其对译文进行改编和修订（Whitman-Linsen, 1992：73）。我国译制片的译者，除了翻译，还参与了“初对”工作，既完成了译者的任务，又做了对白作者的工作，制作了配音稿（台本），其中“初对”是和配音导演、充当口型员的配音演员一起完成（马建丽，2013）。

翻译与改编的功能合并影响了对译者的称谓。参与配音写作部分的人一般包括“作者”“译者”“改编者”，不少学者认为这些名称之间并没有不可逾越的鸿沟。在职能合并的背景下，甚至出现了一些兼收并蓄的名称：“译者或对白作者”“译者兼改编者”“译者兼改编者（作者）”“译者兼改编者兼作者”（Whitman-Linsen, 1992; Chaume, 2004; Pavesi & Perego, 2006; Gouadec, 2007）。这些名称的共同点是都保留了“译者”之名，表示肯定了配音中的“翻译”过程，即“用另一种语言来传递文本整体信息的过程”（Pavesi & Perego, 2006:100）。而兼具其他名称又表明这个过程不仅限于语际转换,也包含许多语内转换步骤,所以有“改编者”之名,而“作者”之名则更多源于职业荣誉感。

八、结语

配音译者未来面临的挑战之一是定位问题。从更广阔的背景看,整个翻译行业如今都面临对“译者”的重新定义问题。Gouadec(2007: 120)认为,如今的翻译市场日益多样化,需要的是针对不同领域、不同翻译工具、不同翻译材料的专业技能,各种技术与技能进行组合,根据供求关系获得不同酬劳,这种组合过程被称为“多语种、多媒体交际工程”,与之相应,译者就是“多语种、多媒体交际工程师”。

“译者”这样定位,对视听翻译者(包括配音或字幕的译者、本地化人员等)提出了同样的要求,要具备本行业所需技能,变成真正意义上的“全才”,即信息管理专家、技术员、术语专家、措辞学家、译者、改编者、校对人、修订人、质量控制专家、译后编辑、编辑、平面设计师、网页设计师、技术作家、网站设计师、网页架构师、文档管理人、宏命令程序员、信息技术专家(同上)。这也许是视听翻译者未来发展的大方向,愿景很美好,但任重而道远。

若着眼于局部流程变革,就配音而言,对配音人员进行适当的职能整合,需要译者做出选择,例如完成哪些步骤、承担多少工作量、付出多大代价、最后能获得多少酬劳。这些决定一环扣一环,相辅相成,这就是配音译者在“名”与“实”之间达成的平衡。

注释:

1. 配音中所涉文本的其他分类见Bartrina & Espasa(2005: 91)。
2. 虽然译者可以通过观看影片弥补这种缺憾,但实际工作中译者很少这么做,有时间、流程、译者本身的态度等原因(见Whitman-Linsen, 1992)。

第四章 视听翻译技巧

4.1 视听翻译策略选择标准

一、概述

视听翻译指任一视听媒体(如电影、DVD等)的翻译(Hatim & Munday, 2004)。视听翻译模式众多,常见的有配音和字幕翻译,以及画外音、本地化、影像描述等其他模式。视听翻译具有多符号、多模态、多媒介的文本性质,在翻译流程、译者职能等许多方面与传统书面翻译有很大不同。二者采用的翻译策略也有差别,并非所有传统书面翻译的策略皆能用于视听翻译,主要是因为后者受到书面翻译不涉及的时空限制与媒体限制及其性质特点所导致。本节在视听翻译适用策略的基础上,探究其策略选择的标准与相应的翻译策略。

二、视听翻译策略

如前所述,适用于传统书面翻译的策略不一定能适用于视听翻译。以“译者注”这种翻译策略为例,类似书面文本的解释性注释或注解,根本目的是帮助读者理解,在书面译文中可以采用,但对视听翻译不合适,例如在字幕翻译中,字幕的显示时间短暂,对观众有一定的阅读速度要求,译者注虽然有助于理解,但会阻碍观众对视听节目的欣赏,一般很少使用,只偶尔见于字幕组这类业余字幕翻译中,即使如此,也引起不小的争议。

与传统书面翻译比较,适用于视听翻译的策略更少,而且视听翻译范围广泛、模式众多,各模式有自身特征与媒体限制。学术界尚未就可用于所有视听模式的通用策略达成共识,但某些模式有一定共性,如配音与字幕翻译因皆可用于影视节目翻译,所以有某些共同的翻译策略。一些学者总结了可用于字幕翻译与配音的策略，如Tomaszkiewicz（1993）就针对文化特色词汇的翻译，提出了两种模式通用的策略，如表25所概括的策略（转引自Pettit，2009：45）。

表25　Tomaszkiewicz（1993）的翻译策略

策略	定义
（1）省略	完全省略文化特色
（2）直译	译文尽可能贴近原文
（3）借译	来自源文本的原有词汇用在目标文本中
（4）对等	译文在目标文化中有相似的意义与功能
（5）改编	译文根据目标语言与文化进行调整，以生成与原文相似的内涵意义，可视为一种对等形式
（6）替代	用指示词替代文化词汇，特别是指示词有屏幕上动作或图像的辅助
（7）概括	也可称为对原文的中和
（8）明晰化	用释义来解释文化词汇

Gottlieb（1992）也提出了一套针对电影字幕翻译的策略，并说明了各策略的适用场合，其中包括扩展、释义、转换、模仿、转写、移位、缩减、清除、删除、放弃。他没有对这些术语进行详细解释，也没有精确界定其适用条件，某些策略之间区分不太明显，存在重叠。也有学者特别指出字幕翻译的三种主要策略，即省略、缩减和释义，认为它们是字幕翻译的标准策略（Diaz Cintas & Remael，2007；Kapsaskis，2011）。由此可见，学者们在策略的种类和名称上并未完全达成一致，但主要策略比较相似，如缩减或省略、明晰化或释义等。此外，对翻译策略的讨论，大多集中在字幕翻译与配音这两种主要电影翻译模式上，对视听翻译其他模式较少涉猎。本节所涉翻译策略见表26：

表 26 视听翻译策略(按英文排序)

中文名称	英文名称	中文名称	英文名称
改编	adaptation	模仿	imitation
借译	borrowing	直译	literal translation
缩减	condensation	省略	omission
清除	decimation	释义	paraphrase
删除	deletion	放弃	resignation
移位	dislocation	保留	retention
对等	equivalence	详述	specification
扩展	expansion	替代	substitution/ replacement
明晰化	explication	转写	transcription
概括	generalisation	转换	transfer

三、翻译策略选择标准

选择翻译策略需要考虑哪些策略适用于视听翻译,而且在这些选项中,哪些可以解决具体的翻译问题。影响策略选择的因素较多,选择标准也多种多样。以字幕翻译为例,Georgakopoulou(2009)认为字幕翻译有无数限制条件,却没有系统或现成的解决方案,提倡以某些要素为基础对每个具体翻译问题进行透彻分析,其中包括与情节相关的功能、内涵意义或隐含意义、目标观众对原版节目语言与文化的了解程度、反馈效应、媒介限制等。这些要素涉及功能、意义、观众、媒介等多个方面,可以作为选择的标准。但他所列元素比较零散,主次不太清晰,也没有阐述彼此之间的关联,即使如此,该提议仍然具有较强的参考意义。作者着眼整个视听翻译领域,考虑了不同视听翻译模式,区分了主要或常见的策略选择标准与其他可能的参照点,并探讨了影响翻译策略的因素与策略选择标准。

(一)策略选择主要标准

视听翻译策略选择的标准比较多样,各标准的地位也不尽相同,主要有视听翻译模式的制约、对目标观众的考量和源语文化的影响。

1.视听翻译模式

视听翻译各种模式有自身的制约条件,每种模式会根据自身特点优先考虑某些翻译策略。如最常见的字幕翻译与配音,前者首先考虑缩略的需要,而后者尤其受到对口型的限制,从而导致二者选择不同的策略(Luyken et al., 1991)。

以字幕翻译这种模式为例,优先考虑缩减策略,主要因为相较于传统书面翻译,字幕翻译要受到时空限制的缘故。在空间限制方面,字幕翻译需要在屏幕上添加字幕,必然在一定程度上干扰图像,所以为了尽量不挤占屏幕,字幕一般置于屏幕下方,限制在两行内,每行最多35个字符(Shuttleworth & Cowie, 2004)。字幕要考虑的时间限制包括字幕显示时间要与画面同步、各条字幕之间短暂的间隔、观众的平均阅读速度等。一般认为需要把文本压缩至符合以上要求的4~6秒或不超过6秒(Assis Rosa, 2001),或者每秒16个字符的速度(Pagano et al., 2012)。字幕能占用的空间和显示时间有限,所以对字幕能传递的信息量有严格限制,而要把视听节目中所有可能转换的材料限定在规定行数和字数,对于译者来讲是巨大的挑战,因此删减原版的某些成分既是必要的,也是字幕翻译过程所“固有的”(Georgakopoulou, 2009: 26)。

此外,字幕翻译与配音两种模式的特征决定了策略选择的大致方向。字幕版保留了原声,把字幕作为译文添加到屏幕上,字幕与画面和原声同步显示,所以字幕翻译应尽量选用忠实于原对白的一些策略,如对等、直译等,否则在原文与译文并行的情况下,一旦偏离原文,难免招致批评。配音版则听不见原声,以翻译过来的目标语对白替代原声,除了对口型的挑战外,选择策略时自由度更大,多采用意译、省略、概括、改编、替代等策略。总之,视听翻译模式不同,在考虑翻译策略时就有差异,但模式本身的限制并非策略选择的唯一指导原则，换句话说，并不总是能解释选此非彼的原因，所以会考虑其他标准，如观众因素。

2. 目标观众

目标观众也是翻译策略选择的一项重要指标。Gambier（2008）认为视听翻译具有社会维度，即要更好地了解观众的需求与接受能力，让翻译的成果最大限度满足用户的要求与期待。所以影视节目自然需要针对目标观众制作，节目的成功与否一定程度上取决于观众的满意度。因此在视听翻译中，对译文的忠实度要排在观众的需求之后，翻译的效果如果从实用角度来衡量，指观众在信息处理方面投入的精力越多，译文的相关性就越低（Gambier，2003）。换句话说，为满足观众的需要，总的原则是提高译文的可读性，减少观众处理信息所花费的精力，尽可能给予观众辅助，扫清观众欣赏影片情节、画面、音效等的障碍。

考虑观众的需求，是指普通观众还是特殊群体？Neves（2009：151）认为"大众传媒"这一概念已经发生变化，所谓"大众"不再是一个面目模糊的群体，如今借助技术可以把"大众"分割成较小的群体，为其量身定制产品，满足各小群体的期待与需求。所以视听翻译不再把目标定为照顾普通观众，而是更注重较小的群体，以恰当方式让其满意。但观众群体的划分与定位仍然是一个难点，同时也体现了视听翻译的多样性。

学者们的划分方式有所不同：有的以年龄、专业知识来划分（Pettit，2009）；有的根据感知能力、知识、价值观等区分（Gambier，2003）；有的区分了电影观众和电视观众，前者大多比较年轻，往往受教育程度较高，习惯使用电脑，从小看电视长大。而后者包含儿童、学生、公司管理人员、视力和听力不太好的老人等；有的从宏观角度，通过研究字幕接受模式来考察观众群体，涉及社会文化、观众对不同模式的态度、对字幕解码策略的感知、认知环境影响字幕理解的心理或认知模式；也有按注意力类型来区分观众，分为关注画面的图像型、关注情节的叙事型、注重对白和字幕的语言型、主动或被动注意力、部分（选择性）或整体注意力、线性或综合注意力等类型的观众(同上)。

从更宏观的角度,可以通过一些社会变量和视听变量来区分观众群体,社会变量包括年龄、教育程度、阅读能力和习惯、对视听节目中外语的掌握情况、了解节目主题或领域、听力与视力等;视听变量涉及播放时间、影视节目类型、以镜头和剪辑展现的节奏感、展现图像与对白关系的动作类型等。这些变量进一步与其他特征相关联,如字幕的时空特征、信息密度、文本与副文本特征。其中牵涉的文本特征又包含了语义的连贯和句法的复杂性、叙事和语言规范、语域、处理文化特征的翻译策略等(同上)。所有这些变量都会影响翻译策略的选择,只是视听模式不同,变量与参数会有差异。

观众的类型对翻译策略有重要影响。以美国影片《阿甘正传》(*Forrest Gump*, 1994)为例,影片描述了美国历史上三段动荡时期,因此涉及众多美国历史事件和文化符号,译入西班牙语的配音版与字幕版则根据观众(也是目标文化接受者)的身份、环境、与原版接受者的文化差距而决定主要的翻译策略(Hurtado de Mendoza Azaola, 2009)。配音版的目标观众是普通西班牙人,对美国历史和文化不太了解,与美国原版观众并没有共同的文化背景,所以译者主要采取改编策略,必要时改编源文本,这样不会让目标观众有疏离之感,能沉浸其中,更好地欣赏影片内容。字幕版的目标观众主要是生活在美国的拉丁美洲人和波多黎各人,对美国文化颇为了解,与原版观众共享许多文化特色,所以较少采用改编,翻译某些人名时甚至用了借译策略,译文与原声一致,却不会妨碍理解。两种版本为不同观众群体制作,不仅总体策略不同,翻译单个文化典故时,也要判断观众能否理解,从而采用不同翻译方法。

总的来说,区分观众群体本身就是一项比较棘手的任务,译者有时对目标观众的判断是基于自己的假设,假定自己的社会与认知环境与“普通”观众相同,或者甚至基于某些刻板印象和偏见,再根据这些预设对语域、对白的人际标记等进行翻译决策(Gambier, 2003)。译者对观众群体的预判难免有不准确的时候,所以在确定目标观众时需小心谨慎,尽量减少误判。

3.源语文化

在视听翻译中,源语文化对翻译策略的影响主要取决于其语言与文化的地位,即影视作品的原版语言分为来自主要语言群体和次要语言群体,原版作品的文化分为优势文化和非优势文化。源语文化地位的影响主要体现在翻译本地特色或"语言外文化特色词"方面(extra-linguistic culture-specific references,ECR),尤其为特定文化现象命名的名词和名称等词汇(Gottlieb, 2009)。以字幕翻译为例,从主要语言群体到次要语言群体的翻译称为"顺流型字幕翻译"(downstream subtitling),而从次要语言群体到主要语言群体的叫作"逆流型字幕翻译"(upstream subtitling)(Gottlieb, 2009: 27)。两种字幕翻译所采用的策略体现出整体差异。

Gottlieb(2009)曾对"语言外文化特色词"的翻译做过研究,结果显示,来自非优势文化和次要语言群体的电影或其他艺术作品,如丹麦电影出口到英语国家,原版影片中的文化特色词绝大部分仅限本族文化和语言群体的观众所知,但出口后面对的是英语观众,几乎完全依赖字幕传递的信息内容。在考虑翻译策略时,这种从丹麦语译出的"逆流型字幕翻译"会采用更多解说性、改编或删减的策略,如解说性的概括策略与改编性的替代策略等,翻译的桥梁作用比较显著。

相反,为来自主要语言群体和优势文化的影片翻译字幕,如从英语译入丹麦语的"顺流型字幕翻译",则体现出对原版对白的较高忠实度,许多文化特色词得以保留或以其他方式再现,多采用了保留策略,研究结果显示,原版影片中超过一半的本地特色以其原有形式翻译,翻译的桥梁作用比"逆流型字幕翻译"要小。可见在处理文化特色方面,原版作品的语言与文化的地位极大影响了翻译策略的选取,是个重要的衡量标准。

(二)策略选择其他标准

除视听翻译模式、目标观众和源语文化外,还有其他一些标准,如传播媒介、视听节目类型与内容、翻译机构与服务对象、通用模板和译文忠实度等，依据具体翻译任务而决定其主次或有所取舍。

1.传播媒介

视听节目的传播媒介包括DVD、录像、电影或电视、电子游戏等，对翻译有一定限制，会优先考虑某些翻译策略。以电子游戏本地化为例，本地化人员要翻译各种各样的文本，有所有附件文本，如线上帮助文档、使用说明、包装材料、广告宣传等，与普通译文不同的是这类文本属于“工具型”文本，起辅助作用，要求完全实用，发挥文档的“工具”作用，导致在策略选择上首先考虑其实用性与功能性，因此多采用释义、概括、明晰化等策略(Gouadec, 2007)。其次，为使产品“在语言与文化上适合将要使用及销售该产品的目的地(国家或地区以及语言)”，本地化还涉及语言之外的一些成分转换，在文化方面，游戏画面显示的出租车、电话、公共汽车、人物着装等，皆需要符合本地市场和本地规范(Hatim & Munday, 2004: 113)。所以本地化常采用的策略是转换和改编，当然改编还涉及技术层面，要考虑把译文植入某种特定媒介的情况。为了恰当地显示，有时会改变屏幕对话框大小、颜色、字符设定，尤其适合汉语、韩语、日语这些语言(Hatim & Munday, 2004)。

2.视听节目类型与内容

从原版影视作品或视听节目角度，要考虑作品的类型与内容。此处作品的类型指视听文本的类型，如电视剧集、故事片、纪录片、新闻报道等；节目的内容指喜剧、音乐剧、西部片、惊悚片等。这些文本类型与内容有其特定要求，应用策略时也要尽量满足这些要求。例如喜剧中有许多幽默的语言，像笑话之类更是根植于特定的语言文化，若要使翻译过来的影片仍然具有原版的幽默效果，就会较多地采用解释性和改编类策略，以克服不同语言文化对幽默的感受差异。再如影视作品类型对缩减策略的影响，比较Woody Allen*的电影和关于阿拉斯加石油勘探的纪录片，电影类有可能允许译者缩减达35%~40%之多，而新闻节目的缩减量则低于20%(Gambier, 2003: 185)。

3.翻译机构与服务对象

承担视听翻译的机构与服务对象也在一定程度上决定采用什么策略，因为不同性质的翻译机构与服务对象会有自己的一套标准和要求。以葡萄牙电视字幕翻译为例，字幕需要遵守目标文本的书面语规范和标准变体形式，在这方面私营与国营电视台因性质不同，对字幕体现口语特征的要求有差异。私营电视台播放的电影中，字幕的口语特征比公共电视台播放的电影更明显，而为二者服务的翻译机构，分别是私营字幕翻译公司和国营电视台的翻译部门，二者因服务对象的不同标准而采用了不同的翻译策略（Assis Rosa, 2001）。

4.通用模板

通用模板（template file）也是其中一种影响因素。随着DVD的普及，采用通用模板成为行业内的普遍做法，许多跨国字幕翻译公司，采用通用模板，先将影片译成英语，对影片对白语言进行分割，制作时间轴，再把通用模板提供给客户，供其从英语译入其他语种。在此模式下，作为目标语的其他语种的翻译会受到通用模板采用的策略的影响。Kapsaskis（2011）研究了通用模板模式下英语译入法语和希腊语的字幕，发现翻译源文本的对白时，英语的模板文件在某处采用什么策略，对应的法语与希腊语字幕也会采用相同的策略，足见受到模板的很大影响。

5.译文忠实度

译文的忠实度也是策略应用的一个考察维度。某些视听翻译模式或翻译任务对忠实度有要求，有的要求高，而有的要求不太高。Gottlieb（2009）考察了字幕翻译策略的忠实度问题，研究了六种翻译策略对原版对白的忠实度，并按忠实度归类，区分了高忠实度、低忠实度和最低忠实度的策略，也据此划分了以源语为导向的策略和以目标语为导向的策略。高忠实度策略包括保留与直译，传递了原版的本地特色，体现了对原版的文化特色词的忠实；低忠实度策略有详述、概括和替代，是改编类策略的代表；具有最低忠实度的省略策略是一种严格的删除性质的方法。鉴于各翻译策略对原版的忠实度不同,在特定翻译情景下,若需要优先考虑忠实度,则可根据各策略的忠实度而因地制宜地选择对应的翻译策略。

四、结语

视听翻译策略的选择标准较多,主要有视听翻译模式、目标观众、源语文化,与其他一些可能的参照条件,包括视听节目的传播媒介、作品类型与内容、翻译机构与服务对象、通用模板与忠实度等,采用不同的标尺时,所选用的翻译策略就会有差异。需要注意的是,目前并没有所谓的视听翻译的通用理论,也并不存在适用于视听转换所有方式的某种翻译策略或方法(Bogucki, 2013)。讨论视听翻译策略的选用应该以具体翻译问题为出发点,以上标准的主次或先后之分,要根据特定翻译情境或具体翻译问题而定,要么有所取舍,要么几种因素共同起作用,也会出现在同一翻译情境下,出于不同目的和考量而采用了不同的策略,重要的是具体问题具体分析,找到解决问题的最佳方案。总之,虽然以上所列并不完全,但如Pettit(2009: 57)所言,这些标准一方面体现了视听翻译任务的复杂性,另一方面也指出了未来可能的研究方向。

注释:

* Woody Allen (1935—), 著名美国导演、编剧、演员。其指导的作品《蓝色茉莉》(*Blue Jasmine*,2013)、《午夜巴黎》(*Midnight in Paris*,2011)、《赛末点》(*Match Point*,2005)等,以其鲜明的个人风格和机智对白著称,多次获得业内大奖。

4.2 字幕翻译本地化语言特色

一、概述

《马达加斯加》是美国梦工厂制作的著名动画系列片，自第一部于2005年上映以来，陆续推出了三部，第三部名为《马达加斯加3：欧洲通缉犯》（*Madagascar* 3：*Europe's Most Wanted*，2012）[1]（下文简称《马3》），是该系列中首部以3D形式制作的动画喜剧电影。故事仍围绕狮子阿历克斯和伙伴们漫长的归家之旅展开。这次的旅程辗转到了欧洲，为躲避动物管理局杜瓦队长的追捕，大伙儿参加了一个巡回马戏团。旅途中，大家尽展非凡的表演天赋，不仅奇迹般拯救了马戏团一落千丈的生意，还与马戏团成员结下新的友谊，同时也开始重新思考自己真正的家园在何处。

影片在口碑和商业上皆大获成功，成为该系列中评价最好、票房最高的一部，全球票房达到7.42亿美元[2]。影片在我国上映后，也颇受好评，故事情节跌宕起伏，3D特效绚丽夺目，人物形象生动活泼。影片在我国的成功，除影片本身出色的情节设置和技术手段外，中文字幕翻译也功不可没。该片电影院公映版的中文字幕由长春电影制片厂译制片分厂（长影）译制，字幕采用了许多国内观众喜闻乐见的文化参照元素和通俗易懂的口语表达，展现了鲜明的本地化特色，使国内观众有机会一睹影片风采，欣赏字幕中发挥得淋漓尽致的喜剧元素，尽情感受其中的幽默诙谐。为一探影片中文字幕的翻译之妙，本节从字幕翻译的特殊性出发，分析该片字幕翻译的本地化策略，解读其鲜明的本地化语言特色。

二、字幕翻译的特殊性

(一)字幕翻译的特殊性

字幕翻译是视听翻译领域最常见的模式之一,与普通的文本翻译不同。Luyken等和Díaz Cintas对视听交际进行了分类,区分了多达10种多语种转换类型(Díaz Cintas, 2006),字幕翻译位列其中,Díaz Cintas(2006: 195)对其的定义如下:

> 字幕翻译通常在屏幕底部显示书面的文本,用以记录演员的对白和组成视觉影像部分(如信件、涂鸦和图画说明文字)或者组成配乐部分(如歌曲)的其他语言信息。

以上描述指出字幕是"书面的文本",而且字幕不仅限于演员的对白,还包括视觉影像和配乐中的语言信息。从狭义方面说,字幕翻译的主要内容仍是演员的对白,可以把字幕翻译简单理解为"把看似口头的源文本译成书面的目标文本",区别于"把口头源文本译成口头目标文本"的配音(Dollerup, 2007: 35)。

(二)字幕翻译的坐标

针对字幕翻译所采用的翻译策略,可以构建这样一个坐标轴,一端是对源文本的严格直译,另一端则是在目标文化中对文本的自由再创造,即本地化(localisation)。有观点认为,商业电影和电视节目的翻译应该靠近源文本一端,在字幕翻译中显示出贴近源文本的特征,因为字幕翻译没有替代原片的任何部分,只是把字幕添加到影片上,与原版的对白同步出现(Gottlieb, 2009)。正是因为字幕翻译的目标文本与源文本同时出现,观众能够将二者进行对比,一旦出现不一致,便会立刻觉察,所以普遍认为,字幕翻译对源文本的忠实度较高。配音正好相反,它用目的语的录音替代了演员对白的原音,观众没有机会对比二者,所以只要口型基本一致,就会认为屏幕上演员和观众说的是同一种语言。《马3》的中文字幕翻译却并没有遵循这样的规律，选择了逆流而上，走向了这个坐标轴的本地化一端，在语言上体现了较高的本地化程度，取得了不错的效果。

三、影片字幕翻译的本地化

“本地化”一词原本指某种产品和配套文件资料等适应特定市场或用户群，要求考虑特定文化或语言特点（Gouadec, 2007）。本地化通常被视为视听翻译的一种模式（参见2.1视听翻译模式类型），其对象一般为软件、网站或者电子游戏，如果把电影看作是一种注重观众反应、以票房为目标的市场化产品，那么字幕翻译也可作为本地化的对象。但本节的“本地化”概念指一种翻译策略，在以上构建的坐标轴上处于与严格直译相反的一端，是“在目标文化中对文本的自由再创造”。《马3》的中文字幕翻译展现了鲜明的本地化特征，主要体现在语言的归化、文化的本地化和注重观众反应三个方面。

（一）语言的归化

从语言方面讲，《马3》的字幕语言体现了美籍意大利学者Lawrence Venuti所提出的归化翻译的特征。Venuti（1995：1）对归化翻译这样描述道：

> 任何译本，无论散文还是诗歌，小说或非虚构类作品，读起来顺畅，因没有任何语言或风格上的独特之处而显得透明，看似反映了外国作者的个性、意图或外语文本的根本含义——也就是说，译文看上去不是译文，而是“原作”。只有这样的译本，多数出版商、评论者和读者才认为是可以接受的。

归化翻译的核心特征是译文要“顺畅”，而且“看上去不是译文，而是‘原作’”，要求采取“通顺”的翻译策略，消除异质的痕迹，使译文的异质性隐形，这样的译文才是“可以接受的”。《马3》的字幕虽然以书面文本的形式翻译演员的对白，其“归化”的特征表现在语言明白流畅、通俗易懂，无论在句型结构上，还是在用词方面，突出对白的特点，口语化表达丰富多样，灵活运用网络流行语和口语流行语，传情达意无不显示口语的源文本特征，仿佛外国演员在屏幕上的确说出了这样的汉语对白，并不显得生硬牵强。这样的字幕语言，观众应是十分乐于接受的。

（二）文化的本地化

翻译时不可避免会碰到具有文化特色的事物，而翻译这些文化特色一直困难重重。把原文的文化特色事物转移到用另一种语言书写的新文本中，译者要设法使新的受众同样理解其中的微妙之处；而在视听翻译中，由于其翻译模式本身已经限制了译者所能采用的翻译策略，较之传统的书面文本翻译，在视听翻译中翻译文化特色事物的难度就越发显而易见（Hurtado de Mendoza Azaola, 2009）。丹麦学者 Henrik Gottlieb 曾谈及翻译影片的具体困难，其中“异国情调”名列前茅，但他认为影片中需要翻译的最具“异国情调”的部分，并非拍摄影片所设定的“异国”场景，而是“词汇”“习语”和“文化特色事物”。E. Di Giovanni 在讨论全球大受欢迎的迪斯尼动画片《阿拉丁》（*Aladdin*, 1992）[3] 的意大利语翻译时，得出的结论证实了这点（Gottlieb, 2009: 24）：

> 翻译的困难通常并不在于翻译文化的差异，例如《阿拉丁》中那具有“异国情调”的场景，而是改编那些美国的词汇、习语和文化特色事物，这些东西本来作为平衡元素，但主要作用是令美国的和说英语的观众能顺利并乐意地接受。

关于如何翻译这些文化特色事物，一些翻译学者主张采用“本地化”策略，如 Giovanni 所说的对其进行“改编”。美国翻译家 Nida 就曾指出，“自然的译文”要“符合译入语和译人语文化”，这意味着要对原文进行调整，包括把源语文化中的形象转变为译文读者喜闻乐见的形象（Nida & Taber, 1982: 12-13）。这样的主张正应和了 Venuti 的归化翻译，“使外语文本符合目的语文化价值观，从而将作者带回家”（Venuti, 1995: 20）。与该策略一致，《马 3》中的文化特色在字幕中的本地化风格明显，突出了汉语作为译入语的价值观和文化特征。译者用国内观众耳熟能详的文化特色事物,替代原版对白中具有异域风情的文化特色,有时为了增加幽默效果,刺激观众反应,甚至在原版对白中没有鲜明文化特色之处,添加了本地文化元素,使平淡的话语变得生动,让影片的幽默感倍增,如Venuti(1995: 15)的形象描述:"让读者在其他文化中辨识出自己的文化,从而自我陶醉。"

(三)注重观众反应

本地化策略的另一表现即以观众为目标,注重观众反应。对于受众,Venuti的"归化翻译"和Nida的"动态对等"持有相似的态度。归化翻译是面向译入语及受众的策略,旨在尊重和满足译文读者的需要,以通顺流畅的风格,将译文读者对外语文本的陌生感降至最低。Nida的"动态对等"也要求"从语义到文体,在译入语中用最切近的自然对等再现源语信息",指出顺乎自然的译文要符合以下几方面:译入语和译入语文化、特定信息的语境以及译入语受众的需要(Nida & Taber, 1982: 12-13)。在他看来,翻译的评判标准,并非对比原文和译文,而是把重点放在读者对译文的反应上,把这种反应和原作读者对原文的反应加以对比,二者应该大体一致。他认为,受众要优先于语言形式,而且应更重视能被译文受众所理解和接受的语言形式,而非享有悠久语言传统或更高文学声望的语言形式。

专门从事视听翻译研究的Gottlieb与Nida的观点不谋而合。他指出,视听翻译中,尤其是配音和字幕翻译,最重要的是言语行为的转换,并不一定要保留组成原来言语行为的确切元素,为此他引用了Whitman的话:"我们应该记住,观众对一句诙谐台词的反应,比对原意的任何文字上的忠实要重要得多"(Gottlieb, 2009: 32)。这个观点正对应了Nida的"受众优先于语言形式"的原则,不仅要考虑受众的性别、年纪、受教育程度、背景经历等一系列复杂因素,还要在目标文化中建立对等的参照点,重组信息要素,以契合不同类型受众的认知框架,这实际上认同了受众的主观性和审美意识对源文本所作的改造。《马3》原片以幽默见长,美式幽默比比皆是,常使观众忍俊不禁。为获得类似效果,译者在中文字幕中极尽调侃打趣之能事,针砭时弊、调侃名人,有时为产生幽默效果,最大程度激发观众反应,甚至大幅度偏离原版对白的字面语言,或者添加内容甚多。若把电影看作以观众喜好为先、以票房为目标的市场化产品,这样的偏离仍然可以接受,所取得的幽默效果确实能与原版媲美。

四、《马3》字幕翻译本地化译例

《马3》的字幕翻译在语言的归化、文化的本地化和注重观众反应这三个层面上,均具备显著的本地化特征,实现了"在目标文化中对文本的自由再创造",具体表现:在中文字幕中针砭时弊、调侃名人,网络和口语流行语丰富多彩,新词新语屡见不鲜,幽默感十足,均为观众喜闻乐见。

(一)针砭时弊、调侃名人

译者在字幕翻译中涉及了一些国内的社会事件,如大众关注的房价问题、令公众担忧的地沟油等,借原文针砭时弊。同时译者也在字幕中打趣了一些社会名人或者网络红人,如周杰伦、赵本山、小沈阳等,或褒或贬,引起观众的共鸣,效果显著。例如以下例子打趣国足和周杰伦:

例1:国足

英文原文	中文字幕
—That's not a lady. That's the King of Versailles. And that's not the King of Versailles. That's the chimps. *And the chimps are like smoke.* *And where there's smoke, there's fire.* *And by fire, I mean the penguins!*	—那是凡尔赛国王 不是什么恐龙婆 不对 是黑猩猩 狗屁凡尔赛国王 **黑猩猩就像国足 有足球就有臭味** **找到猩猩就能引出企鹅**

例1描写的是狮子和伙伴四处寻找将他们丢弃在非洲的企鹅,意外在赌场发现了扮成凡尔赛国王的猩猩,由于猩猩和企鹅通常形影不离,狮子便断定企鹅就在附近,于是如此说道。原版用了一句英语谚语"where there's smoke, there's fire",字面意思是"哪里有烟,哪里就有火",意即"形影不离"。原文将猩猩比作"烟",企鹅比作"火",找到其中一个就能找到另一个。中文字幕则替换了原文的参照物,代之以"国足"和"臭味",变成"猩猩就像国足,有足球就有臭味",同时译者添加"找到猩猩就能引出企鹅",说明了这句谚语的意思。观众见此字幕,禁不住会心一笑。

例2:周杰伦

英文原文	中文字幕
—I don't want you to think of me as *some sort of authority figure.* —Don't worry. I don't.	—我想要告诉你不要把我当成你,不要把我当成**人气高涨的周杰伦。** —你别自恋了。我没有。

例2描写狮子被美洲豹搭救后,忍不住洋洋得意地自夸了一番,便和美洲豹有了以上对话。原文采用了比较平常的用语"some sort of authority figure",意即"某权威人物"或者"某个有影响力的人物",所指模糊。而在字幕中,译者将其具体化为年轻人的偶像和流行歌手——周杰伦,并添加"人气高涨"作为修饰语。国内年轻观众看到狮子居然提及"周杰伦",如同身处相似的文化背景中,其反应颇为感同身受。而且此译法把狮子自诩为如周杰伦般的"名人",把在美洲豹面前卖弄的那种得意神态描绘得栩栩如生。

(二)本地特色的文化事物

《马3》的英文原版本身比较国际化,不太依赖当地场景,或者特别美国化。在配中文字幕的时候,译者充分考虑了国内市场和观众的反应,对其中一些文化特色事物进行了本地化处理,即使有些英语文化元素并不突出，译者也赋予其目标文化的显著特征，例如在字幕中使用“帮主”“老大”“条子”等具有典型地方特色的词汇。

例3：帮主和老大

英文原文	中文字幕
—Who voted you *Grand Phase Master* anyway? —Me！ I voted me！ Cause I'm the *leader*！	—谁**封**你当**帮主**的　谁承认 —我　我投自己 **我就是老大**

例3场景讲述狮子布置大家执行抓捕企鹅的计划，斑马对其指手画脚大为不满，试图争夺领头地位，二人因此产生了争执。英文中的“Grand Master”指社会团体的会长、主席或者头领，此处的“Grand Phase Master”意即“计划的制订者”或“领头人”。英文“leader”一词是个普通词汇，也是“领头人”之意。中文字幕将二者分别译为“帮主”和“老大”，前者带有浓厚的中国武侠色彩，更采用“封”字来与之对应，替代了原文动词“vote”（选举）；而“老大”一词更具市井味道，二者皆比“领导者”或“领头人”更通俗，本地特色更鲜明。

例4：条子

英文原文	中文字幕
—*It's the fuzz*！ What are we gonna do? We can't hide forever！	—**有条子** 我们可怎么办 躲个没完没了

例4描述动物们在逃亡途中东躲西藏，仍被警察发现，穷追不舍，斑马因此满腹牢骚。“fuzz”一词指“警察”，属非正式用语，且带有一定的贬义色彩。原版中“It's the fuzz！”意思是“警察来了”，通常用于被搜捕的人互相警示，提醒彼此注意躲避。中文字幕用了“条子”一词，该词多出现在香港拍摄的警匪片中，罪犯躲避追捕时用以称呼警察，此情此景，何其相似。

译者用这个具有港台地方特色的词来翻译，让观众回想起港片的辉煌时代，片中警匪之间的殊死搏斗，诙谐生动，联想丰富。

（三）流行语使用频繁

影片的英文原版富含西式幽默，年轻观众较为熟悉，加之年轻观众平时爱上网，熟悉网络技术和一些社交媒体，为拉近与这部分观众的距离，译者在中文字幕中频繁使用流行语，包括网络流行语“神马都是浮云”“给力”“粉炫”等，以及中英文混合的流行语，如“去happy”“hold住”“最high”等，特别能引起年轻观众的共鸣，非常具有时尚感。

例5：神马都是浮云

英文原文	中文字幕
—Deep breaths. *You're in a happy place. It's all good.* —There's an angry mob outside, and they're demanding their money back! —I think we all know the right thing to do.	—深呼吸　**神马都是浮云** —观众们变成愤怒的鸟群 他们要退票 —大家都知道最拽的三十六计吧

例5的场景是马戏团的表演搞砸了，观众大为不满，纷纷要求退票，于是斑马、猩猩和企鹅等你一言我一语地商量着对策。原句“You're in a happy place. It's all good”，大意是：你在一个充满欢声笑语的地方，一切顺利。译者用了网络流行语“神马都是浮云”来翻译这句话。此句是“什么都是浮云”的谐音，源于一起热门网络事件，此处意为“什么都不值一提、一切皆过眼云烟、没什么值得在意的”。这种表达在当时是比较热的“梗”（意即笑点、伏笔，或具有讽刺意味的事物），成为流行语和无数网友的口头禅。此译法看似与原文的字面意思相去甚远，实则译出了原句的言下

之意:你既在一个充满欢笑的地方,又一切顺利,有什么值得抱怨和在意的呢?原文与字幕颇有异曲同工之妙。

例6:去happy

英文原文	中文字幕
—Now, *they're not gonna let animals on to the casino floor*, so expect some kind of disguise.	—看吧 **赌场不会让动物进去happy** 除非乔装打扮 用易容大法

例6讲述狮子和伙伴想混进赌场抓企鹅,于是告知大家此举的难度:*... they're not gonna let animals on to the casino floor*...(他们是不会让动物进赌场的)。字幕用了"进去happy"这个年轻人的流行语,由中文"进去"和英文"happy"(高兴)组合而成,有"去玩"和"去娱乐"的意思,使其产生亲切感。字幕中类似的中英文混合流行语还有"hold住",由英文"hold"(坚持)和中文"撑住"结合构成,保留了二者的意思,指面对各种状况都要从容应对,要坚持住、撑住、顶住,不能泄气或退缩。

(四)口语特征显著

字幕翻译主要翻译影片人物的对白,虽然以书面的形式呈现,但书面形式的文本中也保留了对白的口语特征。《马3》的中文字幕就采用了非常本地化的汉语口语表达,来替代原文的口语特征,如采用"闪人""搞定""摆平""死定了""拉风"等表述,使语言显得十分生活化,有助于国内观众获得与原版观众相似的感受。

例7:闪人

英文原文	中文字幕
—I drop down, grab the penguins. You crank me up, and *we are out of here.*	—我下去抓住企鹅 你把我拉上来**立刻闪人**

例7讲述狮子和伙伴策划抓住企鹅,再逃之夭夭,于是对伙伴如此嘱咐。原文"we are out of here",意思是"我们就离开这里",而字幕译作"立刻闪人",既准确表达了原意,又十分口语化,幽默而生动。

例8:搞定和摆平

英文原文	中文字幕
—All right, everybody, stand back. *I got this one.* *Never mind.*	—大家退后 我来**搞定** 我没**摆平**

例8描写动物们在逃跑的过程中,一路狂奔,突然被一扇门挡住了去路,河马自告奋勇要撞开这扇门,为大家扫平道路。英文"I got this one"在此处的意思是"这个难题我来解决",或者"让我来"。译者采取了更通俗和口语化的"搞定"二字来翻译。而当河马竭尽全力撞向大门时,门却纹丝不动,于是说出了"Never mind"这句话,意思是"没成功,别在意",颇有为自己解嘲的意味。此处中文字幕则用了类似"搞定"的"摆平"一词,同样的口语化表达,也保留了原句自嘲的幽默感。

五、结语

《马3》字幕翻译展现了典型的汉语本地化特征,不时影射社会热点和名人,频繁使用网络热梗和流行语,口语化特征明显,最大限度实现了原版影片的幽默效果。较之以往单纯追求翻译的准确性,多主张直译的风格,发生了较大的变化。影片在国内上映后,新译法受到很多观众的喜爱,为电影增色不少。另一方面,此译法也受到一定的诟病,有报道指出,影片的翻译字幕被不少观众"投诉",认为译者为了故意拉近与中国观众的距离,甚至改变了原本台词的意思[4]。纵观全片的翻译,有些地方的确为了追求本地化和观众的反应,与原文字面意思相差较大,也有译者随意添加的情况。然而在异议之声中,如果冷静下来,客观地看待本片的中文翻译,得出的结论是:尽管仍有不尽如人意之处,影片的字幕翻译还是可圈可点的。本片字幕翻译的本地化显示出诸多优点,观众反应热烈,引用一句英语谚语"When in Rome, do as the Romans do"(意即入乡随俗),这条原则在该片的中文字幕翻译中仍是非常适用的。

注释:

1. 参见本书1.3(注释:6)。《马达加斯加3:欧洲通缉犯》(*Madagascar* 3: *Europe's Most Wanted*)于2012年6月8日在中国内地上映,讲述四位主角逃出非洲后随着"马戏团"周游欧洲的故事。
2. 详见维基百科(*Madagascar* 3: *Europe's Most Wanted*)。
3. 《阿拉丁》(*Aladdin*, 1992)是由迪士尼公司出品的动画电影,改编自阿拉伯神话故事《天方夜谭》,讲述了少年阿拉丁在猴子阿布以及通灵魔毯的帮助下,与邪恶的巫师展开斗争的故事。影片由Ron Clements和John Musker联合执导,于1992年在美国上映。
4. 参见《马达加斯加3》翻译字幕被"投诉"乱加台词[EB/OL].《新快报》(2012-06-08).

4.3 《阿凡达》片名翻译的异质性

一、概述

影片《阿凡达》(*Avatar*, 2009)[1]是由二十世纪福克斯公司出品,著名导演詹姆斯·卡梅隆(James Cameron)花了足足10年才拍成的史诗巨制,2010年在中国上映。影片上映期间,观众沉浸在其瑰丽绚烂的3D世界,目睹了片中潘多拉星球美轮美奂的生态,频频感叹电影的魅力。电影这一独特艺术形式影响力与日俱增,早已成为人们文化生活不可或缺的部分。电影需要追求商业利益,提高票房,而吸引观众的主要手段之一是所取片名。片名是影片的灵魂,起到浓缩主题、画龙点睛的作用,而外国影片则是通过片名的翻译来完成这一功能。影片《阿凡达》在国内上映大获成功、票房满盈、观众津津乐道,本节重新审视影片的中文译名"阿凡达",剖析其含义以及该译名所呈现的异质性,并进一步探讨电影片名异化翻译策略的缺失,以及英文影片片名的翻译标准。

二、电影片名的异化翻译策略

异化翻译策略(foreignization)是美国解构主义思想代表,美籍意大利学者Lawrence Venuti提倡的翻译策略,与其归化翻译策略(domestication)相反,均源于德国翻译家Schleiermacher(1813/1992)关于译者的两种选择:要么让译文读者向原文作者靠拢,要么让原文作者向译文读者靠拢。

归化翻译策略是"让原文作者向译文读者靠拢"的选择,要求译文采用明白流畅的风格,通俗易读,最大程度地减少译文读者对外语文本的陌生感。异化翻译策略则是"让译文读者向原文作者靠拢",尊重原文的异质性(the foreign),贴近原文的语言和内容。为此,它可能故意违反目的语的语言规范,以保留原文中某些带有异国情调的东西,并将这些"异质"转移到译文中,是一种允许读者在目的语文化中体验异质性的翻译策略。

异化翻译对目的语规范的偏离,表现在选择翻译一篇被本国主流文学所排斥的外语文本,或用非主流的话语来翻译该文本。简单地说,异化翻译提倡不必绝对服从目的语语言和文本的限制,在适当情况下可以选择不流畅的、晦涩难懂的风格,可以故意保留源语的某些独有特征,用这些"异质性的话语"来时时提醒读者这是一部外国作品的译本,而非原作,由此体验一种"迥异的阅读经历"(Venuti, 1995: 20)。比如Venuti本人在翻译19世纪意大利作家Ignitio Ugo Tarchetti的作品时,无论是选材还是使用的语言都挑战了当时的文学体制、伦理和政治价值观。他在译文中严格遵守原文的结构和句法,同时采用了仿造词、古语结构、古语和现代俗语,彰显了原文的异质身份(Munday, 2001: 147-148)。

采用异化翻译策略的电影片名以直译的方法,即用对应的中文直接翻译,其优势首先表现在忠实于原文的语言,贴近原片名,最大限度传达了原片名的信息,提示影片的内容,符合我国以"信"为先的翻译宗旨。同时,外国影片也是文化传播的桥梁,肩负着不同文化间相互交流沟通的重任。作为一种跨文化交际的翻译是介绍异域文化的手段,因此,异化的译名记录下外语文本的文化特征,保留了影片的异国情调,从而使观众仿若置身国外。总的来说,异化翻译的片名风格简洁明了,显得严谨而质朴,更注重信息价值与文化价值,以期完成原片名画龙点睛的作用。一直以来国内外语电影片名的翻译多以异化为主,推崇直译,强调忠实于原文的语言是翻译的根本,按原名形式不仅能译出原作意图,还使译名更富有异域色彩。稍微回顾一下,异化的译名不胜枚举,其中不乏佳译,如《纽约黑帮》(*Gangs of New York*, 2002)、《钢琴家》(*The Pianist*, 2002)等。仅在2008—2009年进口大片中,采用异化翻译法的就有《贫民窟的百万富翁》(*Slumdog Millionaire*, 2008)、《哈利·波特与混血王子》(*Harry Potter and the Half-Blood Prince*, 2009)、《金刚狼》(*X-Men Origins: Wolverine*, 2009)、《007:量子危机》(*Quantum of Solace*, 2008)、《巴比伦纪元》

(*Babylon A.D.*, 2008)等。可见异化翻译策略在电影的片名翻译上占有一席之地。

三、"阿凡达"的异质性及其缺失

影片《阿凡达》在许多方面堪称史无前例的鸿篇巨制。从技术上看，该片采用卡梅隆亲自研发的3D虚拟影像撷取摄影技术(Fusion 3D)，为3D技术带来历史性突破；从投入讲，影片预算达到2.37亿美元[2]，加上电影相关的投资，费用实际更高，成为电影史上预算最高的电影；从票房上说，影片成为全球影史票房第一、全球第一部票房突破20亿美元的影片，并创造了全球影史票房最快过10亿美元的记录(17天)。影片在第82届奥斯卡奖提名中拿到最多的并列9项提名，无疑是电影史上的一次奇迹。

影片片名的中文翻译采用了异化策略，贴近原文的语言，保留了英文原名*Avatar*来自梵文的异质特征，将其转移到译文中，通过保留英文的音韵和采用一个同样充满异国情调的中文名字"阿凡达"来记录这个文化差异，彰显其异质身份，以此提醒观众这是一部外国影片，使观众尚未观影之前已置身国外，提前体验一种"迥异的"观影经历。

此外，电影也是一种市场化产品，需要追求商业利益，所以电影片名带有推销产品的广告特点，本身在信息功能、美感功能和祈使功能上均要达到最佳搭配，而片名的翻译也应该遵循这样的标准，言简意赅地概括影片内容、揭示主题，发挥信息功能；同时，为了满足观众的审美期待，还要用隽永深长的表达激发观众的丰富联想，发挥片名的美感功能；在满足这两大功能的前提下，才能使观众产生观影的浓厚兴趣，实现影片的商业价值。如果以此翻译标准审视"阿凡达"这个中文译名，发现其在信息功能、美感功能和祈使功能上均存在缺失，或许并非三者的最佳搭配。

(一)信息功能的缺失

片名的信息功能体现在能概括影片的内容和主题，使观众准确理解获得的必要信息。从信息上讲，《阿凡达》的英文原名"Avatar"本身有着在词源、故事情节和技术上的三重含义。从其词源来说，“avatar”一词来自梵文，意为“化身”，在印度教中，指天神化身为凡人或动物，以对抗人世间的某种邪恶力量，通常指印度教主神之一毗湿奴的十个化身，如印度古代梵文史诗《摩诃婆罗多》（*the Bhagavadgita*，又称《福音之歌》）中所述：“无论何时，只要正义衰微，邪恶滋生，我将遣本人前去。为扬善惩恶，伸张正义，我将世世代代化身不息”[3]。所以原版片名的字面意思即“化身”，且隐含神话喻意。

从影片内容来看，故事讲述地球为获取潘多拉星球的稀有矿产资源，利用地球人与潘多拉星球纳威人的DNA结合，创造出适宜在该星球生存的新人种，称之为“avata”，实际是人类在潘多拉星球上的“化身”，可以在该星球上自由活动，但要受到地球上本人“真身”的控制。在影片中，该词又特指肩负重任来到潘多拉星球的主人公Jake Sully的“化身”。所以从影片的故事情节角度，原版片名也是“化身”之意，只不过并非其词源层面，而指科幻层面的地球人的“化身”。

从技术层面上讲，“avatar”一词也可以理解为导演卡梅隆亲自研发的新技术，即3D虚拟影像撷取摄影技术，创造出具有立体实感的环境，能够在虚拟实境中具象化地呈现人形，而演员在这样的环境中扮演电影中的角色，就像是成为自己的“化身”一样。因此，即使从技术方面来理解，原片名也含有“化身”之意。

综上所述，原版片名“Avatar”体现了字面的神话喻意、故事内容和技术革新的三层含义，是比较恰当的。但中文译名“阿凡达”采用了几乎直译的方法，强调了其异质的特点，保留了音韵，反而缺失了“Avatar”作为“化身”的基本含义，既没体现具有神话含义的为正义而战的“神之化身”，也没有说明故事情节中主人公是“潘多拉星球上的人类化身”，更无法暗示其技术革新，采用“虚拟实境中的人形化身”的含义。与原版片名相比而言，该中文译名传递的信息不够完整，没能适当概括影片的内容，让观众对故事主题有较清楚的预判，在实现片名的信息功能方面尚有缺憾。

(二)美感功能的缺失

电影片名的美感功能关注片名的语言形式和美学特点,以审美性为其语用维度,以观众为导向,提前预测观众的期待视野,考虑其审美情趣,寻找恰当的译文,激发观众丰富的联想,使译名富有美感,具有较强的可读性,并广为大众所接受。

这里需要考虑中西影片命名特点与各自观众的审美差异。英文片名通常简洁直白,多用名词,尤其是人名和地名,如*Titanic*(1997)、*Australia*(2008)、*Indiana Jones*(2008)、*Valkyrie*(2008)等,符合西方观众喜欢简短醒目、直截了当的表达方式和审美习惯。而中文片名多注重故事情节和叙事,如《万里归途》(2022)、《消失的她》(2023)等,而且中文片名具有化实为虚、笼统概括的语言特点,符合中国观众喜欢委婉表达的习惯,例如《走走停停》(2024)、《好东西》(2024)。

在命名习惯上,根据中国传统审美倾向,中文片名根据影片类型的不同,具有鲜明的用词特色,突出电影的类型,例如爱情片要译得"情"深意切、浪漫动人,往往在原名上添加了"情""缘"类词汇;动作片要译得惊险刺激、"生死"攸关,多出现"生死"字样;恐怖片要译得毛骨悚然,令人"惊魂"未定,多用"惊魂"类词汇;由漫画改编的电影中的超级英雄,个个"侠"肝义胆,因此往往命名为"某某侠"(见表27),所以把英文片名译成汉语时就要注意这些用词特点。

表27 突出电影类型的片名

电影类型	英文原名	中文译名
爱情片	*Chocolate*(2000)	《**浓情**巧克力》
	Australia(2008)	《澳洲**乱世情**》
	Serendipity(2001)	《**缘分**天注定》
动作片	*Shooter*(2007)	《**生死**狙击》
	Speed(1994)	《**生死**时速》
	John Wick(2014)	《疾速**追杀**》

续表

电影类型	英文原名	中文译名
恐怖片	*Saw*(2004)	《电锯**惊魂**》
	The Others (2001)	《小岛**惊魂**》
漫改片	*Spider-Man*(2002)	《蜘蛛**侠**》
	Batman(1989)	《蝙蝠**侠**》
	Iron Man(2008)	《钢铁**侠**》

英文片名译成汉语，除了突出电影类型的用词特点外，还要迎合中国观众的审美情趣和用词喜好，例如国内观众比较偏爱四字短语。四字短语是社会文化生活的沉淀，往往言简意赅、抑扬顿挫、朗朗上口，颇具音韵美感，富含中国传统文化韵味，寓意悠长。即使是异化翻译的片名中也不乏四字佳译，见表28所列一些电影的四字片名。

表28　电影的四字片名

英文原名	中文译名
Blood and Sand(1941)	《碧血黄沙》
Once upon a Time in America (1984)	《美国往事》
The Remains of the Day(1993)	《去日留痕》
Burnt by the Sun(1994)	《烈日灼人》
Enemy at the Gates(2001)	《兵临城下》
The Hours(2002)	《时时刻刻》
Rise of the Planet of the Apes (2011)	《猩球崛起》
The Fall Guy(2024)	《特技狂人》
Borderlands(2024)	《无主之地》
IF(2024)	《无中生友》

这些四字片名不仅比较忠实地保留了原意，还充分展现了四字短语

的优点，颇有简洁清雅之感，符合国内观众的审美和用词习惯，比较好地实现了美感功能。

以美感功能来审视影片*Avatar*的中文译名"阿凡达"，译名虽保留了英文片名简洁直白的特点，但没能突出影片的类型为科幻片，不太符合观众对此类影片用词特点的期待，反而让人误以为"阿凡达"是主人公(Jake Sully)的名字。影片或像《弗里达》(*Frida*, 2002)、《尼克松》(*Nixon*, 1995)那样是人物传记片。而且"阿凡达"这个名称比较生涩难懂，其异质成分已经超出了观众的审美需求和接受能力，在表述上也未采用观众喜闻乐见的四字短语，使国内观众难以产生联想和共鸣。译名的美感功能要追求其"大众化""通俗化""口语化"和"艺术性"，做到雅俗共赏、文情并茂(包惠南，2001)，在这方面该译名显得有些捉襟见肘。

(三)祈使功能的缺失

鉴于电影这种艺术形式的特质，电影的信息功能和美感功能最终要为祈使功能服务，在前二者得到有效发挥之后，最大限度引起观众的兴趣，最终吸引观众走进电影院。毕竟电影是为观众制作，并以观众的接纳、欣赏和评判作为重要依据和标准。因此，译名不得不考虑观众的反应和接受能力，根据观众的主观性和审美意识，适当灵活变通，降低原名"异化"的程度，兼顾片名的可理解、可读和可接受程度，使之起到很好的导视和促销作用，以完成祈使功能。

以影片《行动目标希特勒》(*Valkyrie*, 2008)[4]为例，中文译名很好地发挥了祈使功能。"Valkyrie"(瓦尔基里)本是北欧神话中奥丁神的婢女之一，肩负引导阵亡战士的灵魂到瓦尔哈拉殿堂之责。影片中，该词指二战期间，一群德国高级军官策划刺杀希特勒的计划，即1944年7月20日的"瓦尔基里"行动(Valkyrie)。国内观众对刺杀希特勒这一事件有所了解，但对"瓦尔基里"一词的由来却所知甚少，缺乏必要的背景联想，所以中文译名并没有完全保留"瓦尔基里"这个"异质"，而用指明其实质的"行动目标"几个字取而代之，还添加了"希特勒"的名字，译作"行动目标希特勒"，忠实地传达了影片的主题，也说明了影片类型为战争惊悚片，使人联想到刺杀行动的重重困难和惊心动魄，观众因此兴趣盎然，想走进电影院一睹为快。在片名的祈使功能上不太成功的一例是美国影片《面纱》(The Painted Veil, 2006)[5]，影片根据英国著名小说家毛姆(W. Somerset Maugham)的小说《华丽的面纱》(1925)改编。《面纱》在美国上映时口碑和票房俱佳，但在中国就遭遇了不好的票房成绩，除了目前文艺片题材受冷落、档期和放映场次不好等原因外，其中文译名也要负上一定责任。影片原本是一部好莱坞经典爱情片，讲述了20世纪20年代一对英国夫妇来到中国乡村，经历了社会动荡、霍乱肆虐和情感波澜，最终领悟到爱与奉献的真谛。中文译名"面纱"采用直译，保留了原片名*The Painted Veil*的字面意思。遗憾的是，中国观众对毛姆及其作品不熟悉，译名也没有突出影片的内容与题材，这个片名给注重故事情节和类别的中国观众造成了理解障碍，对于首先依靠片名选择影片观影的国内观众来说有些不知所云，造成各类观众均对其缺乏观影兴趣。译名也不符合观众对爱情片的审美期待，没有吸引到这类影片真正的目标观众，最后影片的票房失利，在祈使功能上有缺憾。若采用不同的译法，清楚揭示影片的类型，译成《爱之面纱》或者参考香港的译名《爱在遥远的附近》，更通俗易懂，同样突出主题，而且"在遥远的附近"还保留了"面纱"的部分喻意，即隐藏在面纱下的爱情真谛，在祈使功能上更胜一筹。

再次回顾影片《阿凡达》，该片在票房上是非常成功的，连续创造了多个票房记录，但遗憾的是这并不是因为片名所具有的吸引力，而主要归功于执导了《泰坦尼克号》(Titanic, 1997) 的大导演卡梅隆的名气、片商不遗余力的推广宣传、巨大的制作投入、新颖的拍摄技术和观影方式，以及良好的口碑。因此，"阿凡达"这个过于"异化"的片名没有充分实现信息功能与美感功能，且没有起到锦上添花的作用，也不是吸引观众观影的主要动力，片名的祈使功能是存在一定缺憾的。

四、电影片名的翻译标准及影片《阿凡达》的片名重译

电影片名的翻译需要满足信息功能、美感功能和祈使功能,且尽量在这三大功能之间达到平衡。译得好的片名能很好地为影片进行广告宣传,给影片带来更多商机。若以此为翻译标准,来评价电影《阿凡达》的其他汉语译名,如"化身""异次元战神""天神下凡""神之化身"等。译名如"天神下凡"或"神之化身"只保留了原片名的本义,而忽略了影片的故事情节和在影片中的特定含义;"异次元战神"译名中的"异次元"有点不知所云,而"战神"之说又显得有些夸大其辞,落入俗套。

若把这部电影的片名进行重译,保留"化身"一词,"化身"比较贴近英文原片名,还保留了其词源、情节和技术三个层面的含义,再添加"勇士"或"战士"译作"化身勇士"或"化身战士",清楚无误地说明影片以主人公退役士兵Jake Sully的经历为线索,讲述他为捍卫潘多拉星球而斗争,显示其英勇无畏的气魄,既突出了故事情节,点出了主题,而且以简短醒目、节奏感鲜明的四字短语激发观众的想象力,在观众中留下深刻印象,产生先睹为快的迫切愿望,从而达到信息功能、美感功能和祈使功能的和谐统一。"化身勇士"或"化身战士"这样的译名可以适当弥补"阿凡达"译名在片名三大功能上的缺失。

再以影片《本杰明·巴顿奇事》(*The Curious Case of Benjamin Button*, 2008)[6]为例说明电影片名的翻译标准。影片是一个带有童话色彩的现实主义故事,讲述主人公Benjamin Button从年老到年少这样的逆向生长历程。译名"本杰明·巴顿奇事"保留了主人公的名字,但主人公并非名人,而是个普通人,异化的译名未能提示故事的内容和主题,显得颇为平淡,缺乏美感,对观众缺乏吸引力。其实这样逆行的人生正契合汉语俗语"返老还童"的描述,而以该词为译名可以清楚地概括故事内容,说明所谓的"奇事"即是主人公"返老还童"的一生。通过小人物的生活折射社会和时代的变迁,重点讲述一个平凡人的不平凡人生,展现了宏大的叙事结构,仿佛奇幻版的《阿甘正传》(*Forest Gump*, 1994),本身蕴含的奇幻色彩使

观众想一探究竟，产生观影欲望。加之“返老还童”这个四字短语简洁凝炼，充满意境，具有美感，由此在信息功能、美感功能和祈使功能三方面和谐一致，或许是更好的选择。

五、结语

本节对电影《阿凡达》的中文译名从信息功能、美感功能和祈使功能三方面进行了剖析，指出其存在的缺憾，提出翻译片名可以参考的标准，并尝试依据此标准重译《阿凡达》的片名。通过这个案例分析发现，采用异化策略翻译片名，力图保留原文的“异质”，注重语言形式的对等，虽简洁朴实，但对译文的接受程度和目的语观众效应不够重视。异化翻译的片名在揭示内容主题的信息功能、传达悠长意境的美感功能和激起观影兴趣的祈使功能上或有缺失，如严复所言“顾信矣不达，虽译犹不译也”（严复，1986：1）。翻译电影片名应以这三大功能为标准，达到三者均衡一致的译名才是佳译，为此需要仔细推敲，如严复曾言“一名之立，旬月踟蹰”（严复，1986:2），而不急于追求“一名之立”。

注释：

1.《阿凡达》（*Avatar*，2009）是由二十世纪福克斯电影公司等出品，美国著名导演James Cameron编剧并执导，以3D技术拍摄的科幻电影，于2009年在美国上映，2010年在中国上映。
2. 参见“科幻真探.稳居全球电影票房第一的《阿凡达》究竟是如何拍摄的呢?”:百家号网站（获取时间2025年1月4日）。
3.《摩诃婆罗多》（*the Bhagavadgita*），印度古代梵文史诗，又称《福音之歌》，成书时间约从公元前四世纪至公元四世纪，主要描写婆罗多族的两支后裔围绕王位继承权的斗争。史诗中包含丰富的民间传说、寓言、神话、童话、宗教、哲学、政治和伦理方面的内容，被称为百科全书式的史诗。引文参见：*Microsoft Encarta Encyclopedia Deluxe* 2004。

4.《行动目标希特勒》(*Valkyrie*,2008),由Bryan Singer执导的美国影片,讲述了1944年7月20日刺杀希特勒的“瓦尔基里”行动(Valkyrie)从最初计划直到最后失败的全部过程,于2008年在美国上映,2009年在中国上映。

5. 威廉·萨默塞特·毛姆(William Somerset Maugham, 1874—1965),英国小说家、剧作家,代表作品有戏剧《圈子》,长篇小说《人性的枷锁》《月亮和六便士》,短篇小说集《叶的震颤》《阿金》等。其作品《华丽的面纱》(*The Painted Veil*, 1925)是以中国为背景的一部长篇小说,2006年拍摄了同名电影,由John Curran执导。

6.《本杰明·巴顿奇事》(*The Curious Case of Benjamin Button*,2008),由David Fincher执导的美国奇幻电影,讲述了一出生便是老人形象的主人公,随着岁月的推移日渐年轻,最终回到婴儿形态,在苍老的恋人怀中离世的故事,改编自Francis Scott Key Fitzgerald(1896—1940)所著同名小说。

4.4 电影译名中的“功能对等”

一、概述

电影片名像文章标题一样，有信息功能、美感功能和祈使功能。其信息功能表现在需要反映影片的主要内容，提示影片的类别，使观众通过片名可以抓住影片的风格和主旨。其美感功能体现在采用简短醒目、匠心独具的语言形式，最大程度地激发观众的想象力和兴趣。其信息功能和美感功能是为了实现祈使功能服务，因为片名的最终目的就是要吸引观众走进电影院，实现商业目的，以及传达影片的文化与艺术价值。对于进口的外国影片来讲，译得好的片名同样能实现片名的三大功能，很好地为影片进行广告宣传。

目前，中国的电影片名翻译存在一些不足。包惠南在《文化语境与语言翻译》一书中指出，影片名翻译的混乱主要表现在三个方面：第一，大陆、香港、台湾三地译名各异，如影片 The House of the Spirits（1993），大陆译为《英华世家》，香港译为《第六感之恋》，台湾译为《金色豪门》；第二，海报广告、新闻媒体译名不一，如影片 Mrs. Doubtfire（1993）有多种译名，包括《道布特菲尔太太》《疑火太太》《肥妈先生》和《窈窕奶爸》；第三，追求商业利润，大搞商业炒作，导致译名多样（包惠南，2001：93-95）。那么，什么样的译名才算好呢？这是翻译片名采用什么原则和评判标准的问题。关于这一点众说纷纭，有的主张直译，有的主张意译，有的从文化传播的角度出发，提倡归化翻译或异化翻译，还有的主张遵循“信、达、雅”或“信、达、切”的翻译原则。采用不同的翻译原则，是造成译名不统一的一个隐含原因。这个问题目前虽无定论，但作者认为，Nida所提出的功能对等原则（原称动态对等）可以帮助译者摆脱传统的直译、意译论的束缚，从另一个角度研究翻译，对电影译名具有较强的指导作用。

二、Nida的翻译理论与电影片名翻译

Nida的功能对等理论(原称动态对等)认为翻译是“从语义到文体,在译入语中用最切近的自然对等再现源语信息”(Nida & Taber, 1969: 12-13)。定义中的三个关键词是:“最切近”“自然”和“对等”。其中“对等”并非“同一”,是针对源语信息而言的。“自然”指的是译文要符合译入语语言习惯和译入语文化、特定信息的语境以及译入语接受者,在语法和文体上不应带有笨拙或陌生感,理想的译文没有翻译腔。这个要素是对译入语而言的。说到“最切近”这一点,他指出由于绝对的对等是不可能的,所以最理想的应该是“最切近”的对等,指在“自然”的基础上,选择意义与形式与原文最接近的译文,在最大程度近似的基础上把双方(源语和译入语)联系在一起。Nida提出的“功能对等”是从社会语言学和语言交际功能的角度出发,给“对等”的定义加入了一些语用的因素,是对“对等”概念的灵活运用。

Nida还提出了三条检验译文质量的标准:(1) 忠实原文;(2) 易于理解;(3) 形式恰当,吸引读者(Nida & Taber, 1969/1982: 173)。具体来讲,翻译作为一种交际,首先要传递原文的信息,使译文能为读者正确理解,具有信息功能。但翻译远远不局限于信息的正确传递,还必须使读者领悟到语言表达的准确性、生动性和真切性,即交际中的美感因素,这是最基本的却常被忽略的因素。译文受众不仅要理解所传达的信息,还应该获得一定的感受,例如诗应该译得像诗,而不像枯燥的叙述。不仅如此,译文受众还应以行动对信息做出反应,所以译文需要把原文所具有的祈使功能发挥出来(Nida & Taber, 1969/1982: 24-26)。

根据Nida的理论,好的电影译名应该做到以下三个方面:使观众能准确理解获得的必要信息,如电影内容、类型、风格等,能让人理解;注意译文特点,富有美感,具有可读性;重视观众的反应和接受能力,能为观众所接受。所以译得尚佳的电影片名应在信息功能、美感功能和祈使功能三方面达到Nida的“功能对等”的要求。下文将结合片名的特点,举例说明

"功能对等"的译法:

首先,片名的翻译要求如实传递原片名的信息。英语电影常用主人公的名字或地名作为片名,而汉语多以片名概括内容。因此在翻译时,译名要体现影片的主旨,使观众较为清晰地了解影片的大致内容,突出影片题材类别,同时展现影片的风格。应注意各类影片题材的用词:动作片一般惊险刺激,如《勇闯夺命岛》(*The Rock*, 1996);恐怖片要有惊悚之感,如《夺命狂呼》(*Scream*, 1996);爱情片要浪漫动人,如《莎翁情史》(*Shakespeare in Love*, 1998);而科幻片要有酷炫的效果,如《星际迷航》(*Star Trek*, 2009)。译名应能简洁凝练地概括影片内容,完成信息功能,让观众容易理解,并对影片类型有恰当的预期。

其次,片名的翻译要注意美感功能。片名之美体现在提前预测观众的期待视野,考虑其审美情趣,寻找自然流畅的译文,激发观众丰富的联想,使之具有可读性。翻译时,要了解英汉片名的命名差异,注意各种类型电影片名的用词特点,不仅突出类型,还要充分发挥汉语的丰富表现力,体现汉语之美。实现片名的美感功能主要采取两种策略::一种策略是,考虑到英语片名多简洁直白,汉语片名多化实为虚、概括笼统的命名差异,译入汉语时要尽量符合其命名习惯,贴近国内观众喜闻乐见的表述方式,例如用"魂断""遗梦"等突出故事的爱情题材与悲剧气氛,如《魂断蓝桥》(*Waterloo Bridge*, 1940)、《廊桥遗梦》(*The Bridges in Madison County*, 1995)。这些片名十分切合爱情片的主题,充满诗情画意,烘托了缠绵悱恻的气氛,预示故事的悲剧收场,符合观众对这种类型影片的审美和预期。另一种策略是,片名当言简意赅,便于记忆传播。汉语的一大特色是四字习语丰富,这是人们长期社会文化生活的积累,是一种约定俗成的语言形式,富有感染力。在翻译外国片名时可以充分发挥汉语的这一优势,使得寥寥数字不仅富有节奏感,朗朗上口,还富含中国传统文化韵味,寓意悠长。这也是国内观众喜欢的表达方式,符合观众的审美心理(电影的四字片名见"4.3《阿凡达》片名翻译的异质性")。

再者,片名的翻译除兼顾可理解性和可读性外,还要考虑可接受性。

这符合Nida的功能对等理论的"等效"原则。功能对等理论(也称动态对等)强调一种动态的关系,即"译入语接受者和信息之间的关系应该与源语接受者和信息之间的关系大体相同"(Nida,1964:159)。这是建立在效果对等原则上,由接受者的反应来评判,用Nida自己的话来说就是"译入语中信息接受者的反应与源语信息接受者的反应大致相同"(Nida & Taber, 1969/1982: 24)。这种反应是基于对信息的全面接受,不仅包括理解其内容意义,还要有同源语读者大致相同的感受。强调读者的反应时,Nida实际上强调了接受者的主观性和审美意识对原文所做的改进。根据这个原则,译名既要忠实于原片名,还要根据影片的内容,考虑东西方文化的异同和观众的理解力、欣赏水平等诸多因素,仔细斟酌,力图找到"最切近的自然对等",使译名尽可能达到原名的效果。

片名的可接受性另一方面表现在雅俗共赏的特点上。影视作品不仅仅是艺术家的艺术,更是一种大众娱乐形式,必须考虑为普通大众服务,吸引观众观看电影,实现祈使功能。所以一个好的片名翻译除了最大限度地传递原片的信息,同时"它更需讲求译名的大众化、通俗化、口语化和艺术性",做到雅俗共赏、文情并茂,起到很好的导视和促销作用(包惠南, 2001: 92)。这里要注意,提倡"通俗化""大众化"并不等于"低俗"或"平淡"。大多数语言的表达能力不相上下,英语和汉语也有大致相同的表现力,即使是大众化的语言,汉语的表现力也是极其丰富的,无论是简朴的思想还是复杂的情感,都能用准确自然、栩栩如生的语言描述。这就要求发挥译入语的优势,用生动活泼、准确自然的语言吸引观众对影片产生兴趣。

例如美国著名作家海明威(Ernest Miller Hemingway)的小说《永别了,武器》(*A Farewell to Arms*,1929)[1]译成电影片名为《战地春梦》(1957)。译者在翻译中加入了原标题中所没有的词"春梦",因为"春梦"是中国观众所喜闻乐见的词,很容易让观众联想到人类永恒的爱情主题,预示片中描述的爱情如"春梦一场",转瞬即逝,最终化为泡影,也烘托了哀怨悲伤的气氛。虽然电影与原小说的侧重点并非完全相同,若保留小说译名《永别了,武器》,容易让人联想到战争,误以为是战争电影类型,因而可能会失去不爱看战争片的观众。所以,"战地春梦"的片名虽看似不如小说译名准确、更贴合原文的字面意思,却更符合电影的爱情主题,更能吸引观众(何恒幸,2003:9)。

再如影片《特洛伊》(*Troy*, 2004)[2]讲述的是公元前1193年特洛伊和希腊两国历时十年、血流成河的围城战役。这段来自《荷马史诗》的故事在西方可以说是脍炙人口,所以西方的观众一看到片名,就知道这是一部充满激情与荣耀的史诗巨片,刹那间浮现在脑海里的是骁勇善战的英雄阿基里斯、倾国倾城的海伦、气势恢弘的战争场面、惨烈的冷兵器搏杀以及著名的"特洛伊木马"等。该片在大陆公映的译名为《特洛伊》,对于普通的中国观众来说,"特洛伊"三个字或许显得陌生,大多数观众并不知道是何意,更别说引起什么联想了。由于这个缘故,《特洛伊》这个译名使一些观众望而却步,接受程度不高。片名的祈使功能没能充分发挥。其实一提到木马计,中国观众大多耳熟能详,不仅了解内容,还能结合自己的背景知识,产生和西方观众同样的联想,完全没有了陌生的外国名字带来的距离感和生疏感,从而达到译名应有的效果。所以按功能对等原则,在原名上添加"木马"或"木马屠城"字样,译为《特洛伊木马》或《特洛伊:木马屠城》,使观众把影片与"木马计"联系起来,根据观众的反应对原名进行了一定改进,这样译名基本达到了与原名同样的效果,更能吸引观众,实现祈使功能。

综上所述,在功能对等原则下翻译片名,译者应充分研究原片名的内容和形式,使译名与原名的意义和形式之间的离异程度尽量小,注意发挥片名的信息功能、美感功能和祈使功能,使目标观众的反应接近源语观众的反应,尽可能使电影译名与原片名等效。

三、功能对等与直译、意译比较

功能对等的翻译不同于直译或意译。为了更准确地了解功能对等的译法，在此将三者作一比较。首先，功能对等的翻译不同于直译。我国大多数片名的翻译推崇直译，即将原片名按等值原则用对应的中文直接翻译过来。主张直译的译者强调翻译忠实于原作是翻译的根本，直译的片名是符合汉语的语言规范的。有的从文化角度出发，认为翻译是一种跨文化交际，是介绍异域文化的手段，按原名形式不仅能译出原作意图，还使译名更富于异域色彩。直译片名的例子不胜枚举，如《纽约黑帮》(*Gangs of New York*, 2002)、《远离天堂》(*Far from Heaven*, 2002)、《钢琴家》(*The Pianist*, 2002)等。与功能对等不同的是，直译片名虽然强调了语言形式与内容的对等，却忽视了接受效果和译入语观众效应。功能对等中包含了"等效"原则，适用于电影片名的翻译，毕竟电影是为观众而创作，并以观众的接纳、欣赏和评判为生存的依据和标准，这些特点决定其翻译目标是吸引尽可能多的观众观看，提高票房赚得利润。而且由于文化差异，直译片名和原名在观众中往往难以获得同样的效果，造成的后果如严复所言，"顾信矣不达，虽译犹不译也"(严复，1986:1)，例如以上《特洛伊》(*Troy*,2004)一例。又如将影片 *The Lord of the Rings*(2001)直译为《指环王》[3]，其实会让观众产生误解，不知道是关于人物传奇呢，还是讲历史故事。而根据功能对等译为《魔戒》似乎更好，既未脱离原片名，保留了"戒指"(rings)的字面意思，又提示该影片类型为魔幻故事，让观众自然产生了关于骑士、精灵、巫师、怪兽等等联想，从而激发他们的兴趣。

此处并非否定直译片名的方法，一般情况下，直译的片名也能满足片名的要求。但英语的片名凝炼了影片的主旨和英语的精华，有画龙点睛的作用，若直截了当译成汉语的对等表述，未能发挥汉语所长，未必就是最佳选择。事实上，忠实于原片名的直译较缺乏创造性，不能体现译者的功底，也难以产生让人拍案叫绝的佳译。很多被称为"佳译"的直译片名，字面意思刚好符合影片的大意，观众又能够理解。另一方面，由于商业运作的要求，译名首先推出市场，形成了一种先入为主的印象，就像是约定俗成，传播的人多了，耳濡目染之下就将其当作唯一的佳译。如果像翻译其他文学作品那样认真推敲，或许还有其他更好的译法。相较之下，功能对等的翻译在忠实传递原片名信息的前提下，比直译更能体现译者的功底、对影片的理解、对观众的考量和对市场的了解，更灵活、富有创造性，因而更有可能创作出符合片名三大功能的佳译。

其次，功能对等的翻译也不同于意译或“自由译”或“活译”。意译法更远地甚至完全偏离原名的字面意义，根据其内容，结合译入语习惯，另立新名。类似的“自由翻译”通常指的是很大程度上偏离原作的翻译，几乎任由译者随意发挥，如把历史数据现代化、随意删改或添加等。清末民初的翻译家林纾追求语言通顺而不要求完全忠实的翻译就是一个典型，如同西方风靡一时的“不忠的美人”译法（*les belles infideles*），即优美却不忠实的翻译。与功能对等相比，意译忽视了原名的语言特色，译名中几乎找不到原名的任何痕迹。有的译名为了招揽观众，甚至译得古怪离奇，让观众一头雾水。如将间谍片 *The Saint*（1997）译作《神鬼至尊》，让观众误以为是神怪故事；再如关于一头叫Babe的小猪的故事 *Babe*（1995）曾被译为《我不笨，所以我有话要说》。下列便是一些让人费解的意译或活译的片名（见表29）。

表29　意译或活译的片名

英文原名	汉语译名
（1）*The Saint*（1997）	《神鬼至尊》
（2）*Babe*（1995）	《我不笨，所以我有话要说》
（3）*The Affair of the Necklace*（2001）	《扬眉女子》
（4）*Under Siege*（1992）	《暴走潜龙》
（5）*Something's Gotta Give*（2003）	《爱你在心眼难开》

这些译名或许在一定程度上反映了影片内容，但与原名相去甚远，有的还有哗众取宠之嫌。译者在满足观众需求时，应考虑原名的形式与意义，保持文化内涵，要有恰当的“度”，避免因过度迎合观众而削弱影片主题，甚至误导观众。

在功能对等的翻译中，译者着眼于原文的意义和精神，而不拘泥原文的语言结构。但功能对等也有相应的要求,要求译文在不同的语言形式里尽可能圆满地再现原文意旨。Nida认为形式也是有意义的。他说:“为了翻译的效果和感染力,形式与内容不可分,因为形式本身就有很多含义……牺牲了形式,也就损害了意义。”(Nida, 1989: 5)功能对等确实提供了一定的自由,但这只是意味着把译者从文字的枷锁中解放出来,可以在各式各样的表达方式之间作出选择,或变动词汇和句法结构,以达到“最切近的自然对等”。严肃的译者利用这种自由去开发利用译入语的丰富资源,发掘译入语的表达潜力,才能产生与原作相称的译文。

下文比较直译、意译和功能对等三种译法产生的不同译名,进一步说明三者的区别和功能对等的实质(见表30)。

表30　直译、意译和功能对等译法比较

原片名	直译	意译	功能对等
(1) *Pretty Woman*(1990)	《漂亮女人》	《麻雀变凤凰》	《风月俏佳人》
(2) *Catch Me If You Can* (2002)	《有种来捉我》	《神鬼交锋》	《猫鼠游戏》
(3) *Seabiscuit*(2003)	《斯比克斯》或《硬饼干》	《奔腾年代》	《马到成功》
(4) *Wings of the Dove* (1997)	《鸽之翼》	《三颗翼动的心》	《欲望之翼》
(5) *The Matrix*(1999)	《矩阵》	《廿二世纪杀人网络》	《黑客帝国》
(6) *The Sixth Sense*(1999)	《第六感》	《阴阳眼》	《灵异第六感》
(7) *Finding Nemo*(2003)	《寻找尼莫》	《海底总动员》	《拯救尼莫》
(8) *Ghost*(1984)	《幽灵》	《第六感生死恋》	《人鬼情未了》

以上所列影片中，有几部值得进一步讨论。其中 *Pretty Woman*（1990）[4]是一部浪漫轻喜剧，讲述身份低微的女主人公与百万富翁的爱情故事。直译为《漂亮女人》过于平白，虽贴近原片名的形式和意义，却没有突出故事情节和电影的特色。意译为《麻雀变凤凰》虽通俗易懂，但与原片名相去较远。这些译法有一定的商业促销价值，但严格来说偏离了原片名，改变了原名的特色和神韵，而且带有“麻雀”和“凤凰”字眼的片名不免落入俗套。该片名来自大众熟知的汉语俗语“麻雀飞上枝头变凤凰”，类似“灰姑娘”的故事，其他很多有相似剧情的影片都以之冠名，出现了带有“麻雀”和“凤凰”字样的系列片名，如讲述失落民间的公主回归的《麻雀变公主》（*The Princess Diaries*，2001）；笨拙女生变成迷人歌星的《麻雀变明星》（*The Lizzie McGuire Movie*，2003）；美国姑娘与丹麦王子的爱情故事《麻雀变王妃》（*The Prince & Me*，2004）；曼哈顿大酒店女服务员的灰姑娘传奇《女佣变凤凰》（*Maid In Manhattan*，2002）等。这些译法有一定的商业促销价值，比较迎合观众的期待，但忽视了英文原名的表达方式，较大程度地偏离了原名的字面意思，选择了比较俗套的描述，并不恰当。而把片名译为《风月俏佳人》符合功能对等的要求。其中“俏佳人”一词就是“漂亮女人”的意思，保留了原名的字面意思，忠实于原片名，而“风月”二字揭示了女主人公为站街女郎的身份和爱情片的题材。整个片名简洁明了地勾勒出原片内容，恰如其分地表现影片主题，表达比较通俗化，读起来朗朗上口，渗透着文艺片独有的优雅浪漫，吸引爱看轻喜剧的观众，是符合片名三大功能的译名。

另一部影片 *Catch Me If You Can*（2002）[5]是根据真人真事改编，关于美国有史以来年纪最小的头号通缉犯的故事。影片直译《有种来捉我》虽准确却平淡，朴实却乏味，既不能提示影片内容，也不能使观众遐思联翩。而意译为《神鬼交锋》不免又落入带有“神鬼”词汇的俗套之中。凡主人公英明神武、聪慧过人，皆以“神鬼”“终极”“魔鬼”“王牌”之类的词汇命名，例如采用“神鬼”字样的系列片名，包括《神鬼认证》（*The Bourne Identity*，2002）、《神鬼拍档》（*Bad Company*，2002）、《神鬼愿望》（*Bedazzled*，2000）、

《2004神鬼妙计》(*Foolproof*, 2003)、《神鬼第六感》(*The Others*, 2001)等,不伦不类,虚张声势,颇有误导观众之嫌。按照功能对等法译得的《猫鼠游戏》则暗示了一位靠伶牙俐齿行骗的高中生与一位联邦探员之间的较量。游戏目标是捉住这只古怪灵精的"小老鼠",而联邦探员就是那只捉鼠的"猫"。这个译名不完全脱离原名,更好地反映了影片追与逃的主题,突出其警匪片的风格。而"游戏"二字暗示"猫"与"鼠"之间产生了形同父子的友情和默契,更加切合影片内容。该片采用四字短语言简意赅、通俗易懂、传播便捷,较好地实现了信息功能、美感功能和祈使功能。

由畅销小说 *Seabiscuit: An American Legend* (2002)改编的电影 *Seabiscuit*(2003)[6],根据功能对等译为《马到成功》,点明了这是描写一匹处在劣势的马出乎意料地获得冠军的故事。这匹马叫作"Seabiscuit"。美国观众或许对这个故事比较熟悉,但对中国观众来说,直译为《斯比克斯》或《硬饼干》,让人觉得晦涩难懂,不能达到同样的效果。而意译的片名《奔腾年代》虽然暗示了这个劣马夺冠的传奇事件让当时正处在经济大萧条时期的美国人为之振奋,但脱离了"Seabiscuit"作为马名的原片名和赛马的主题,不如《马到成功》在形式、意义、观众接受等方面近似原名。《马到成功》的译名十分贴切传神,不禁让人拍案叫绝。

通过以上三部影片的直译、意译和功能对等译法的比较,显示功能对等译法有效地弥补了直译和意译的不足,满足了片名的三大功能。以下这段话正好生动地描述了功能对等翻译原则要达到的效果:

> 译者不仅要译出眼泪,而且要译出悲哀;不仅要译出笑声,而且要译出快乐;不仅要译出拍案而起,而且要译出义愤填膺;不仅要译出效命疆场,而且要译出赤胆忠心——不仅要译出有形之事物,而且要译出无形之情操。(埃文,2002:93)

四、结语

电影片名的翻译绝非易事,不仅要受到翻译活动本身的限制,还要考虑其他很多因素如观众反响、市场效应、商业利益等。Nida的翻译理论对电影译名有很好的指导作用，翻译片名时，除应忠实传达原片名的语言和文化信息，更应考虑观众的审美情趣和接受能力，既传情达意，吸引观众，又不牵强附会，哗众取宠。译名在片名语言、文化信息及其对观众产生的效应上，应尽可能地与原片名保持一致，这样才能产生脍炙人口的佳译，既满足翻译的要求，又能实现片名的功能。

采用功能对等翻译电影片名要注意两点：其一，功能对等只是一种翻译原则，具体译法可以灵活多样，仁者见仁，智者见智，一般没有所谓的"唯一"的译名。功能对等的一大优点是摆脱了对语言形式的高度依赖，允许在语言表达上有一定的自由度。如严复所言"译文取明深义，故词句之间，时有所傎到附益，不斤斤于字比句次，而意义则不倍本文"（严复，1986：1），功能对等的翻译不提倡"斤斤于字比句次"，可以根据原片名和影片的内容主题进行加工润色。稍微回顾一下，但要掌握好这种自由的"度"就需要认真推敲，以求获得形、神兼具的佳译。其二，对于从事电影翻译的译者，除了有扎实的语言功底、丰富的文化知识外，更重要的是对电影的热爱，愿意为了翻译一个简单的片名而不辞辛劳地去了解整部影片的故事情节、风格特色等，有较强的电影审美鉴赏能力。总之，从事电影翻译的译者与其他类型的译者一样，任重而道远，应以严谨的态度，斟字酌句，以求译出经典译名，余韵悠长。

注释：

1.《永别了，武器》（*A Farewell to Arms*, 1929）是美国著名作家海明威（Ernest Miller Hemingway, 1899-1961）创作的长篇小说，讲述第一次世界大战期间一名美国救护车司机与英国护士在意大利前线的爱情故事，揭示了战争的荒唐和残酷的本质。同名影片于1957年由Charles Vidor和John Huston执导。

2.《特洛伊》（*Troy*,2004），由德国导演Wolfgang Petersen执导的美国电影，

取材于古希腊神话中特洛伊战争的故事,2004年上映。

3.《指环王》或《魔界》(*The Lord of the Rings*, 2001),改编自英国作家John Ronald Reuel Tolkien(1892—1973)创作的长篇奇幻小说,全书分为三部:*The Fellowship of the Ring*(1954)、*The Two Towers*(1955)、*The Return of the King*(1955)。2001年至2003年,由Peter Jackson执导的《指环王》系列电影上映。

4.《漂亮女人》或《风月俏佳人》(*Pretty Woman*, 1990),由Garry Marshall执导的美国影片,讲述一位富商与站街女郎的爱情故事,该片于1990年在美国上映。

5.《猫鼠游戏》(*Catch Me If You Can*, 2002),根据美国最年轻的通缉犯Frank William Abagnale, Jr.(1948—)的自传改编而来的犯罪影片,讲述了年轻的通缉犯和追捕他的联邦探员之间的对抗和友情,由Steven Spielberg执导,2002年上映。

6.《奔腾年代》(*Seabiscuit*, 2003),根据Laura Hillenbrand(1967—)的畅销小说*Seabiscuit: An American Legend*(2002)改编的电影,讲述三个生活和事业皆不如意的人偶然相聚,训练一匹矮个跛腿小马参加赛马比赛的故事,电影由Gary Ross执导,2003年上映。

附录

附录1

书中表格列表

续表

附录2

书中主要影视作品列表

中文译名	原版片名	章节
《超级蜘蛛侠》	*Spider-Man Unlimited*, 1999	1.1
《哆啦A梦》(又名《机器猫》《叮当》《小叮当》)	*Doraemon*, 2005	1.1
《蝙蝠侠:黑暗骑士崛起》	*The Dark Knight Rises*, 2012	1.1
《雪国列车》	*Snowpiercer*, 2013	1.1
《劳来与哈代》	*Laurel and Hardy*, 1965	1.1
《巨蟒剧团之飞翔的马戏团》	*Monty Python's Flying Circus*, 1969	1.1
《看夜更》	*Nattevagten*, 1994	1.1
《守夜人》(又名《看谁在尖叫》)	*Nightwatch*, 1997	1.1
《办公室》	*The Office*, 2001	1.1
《谁想成为百万富翁》(又名《百万富翁》《百万大赢家》《超级大富翁》)	*Who Wants to Be a Millionaire?* 1998	1.1
《危险边缘》	*Jeopardy*! 1964	1.1
《美国之声》(又名《美国好声音》)	*The Voice*, 2011	1.1
《生命中不能承受的烟》	*Smoke*, 1995	1.3
《阿甘正传》	*Forrest Gump*, 1994	1.3/ 2.1
《袋鼠船长》	*Captain Kangaroo*, 1955—1992	1.3
《木偶奇遇记》	*The Adventures of Pinocchio*, 1940	1.3
《马达加斯加》	*Madagascar*, 2005	1.3

续表

中文译名	原版片名	章节
《马达加斯加2:逃往非洲》	*Madagascar 2: Escape Africa* 2008	1.3
《马达加斯加3:欧洲通缉犯》	*Madagascar 3: Europe's Most Wanted*, 2012	1.3/4.2
《马达加斯加4》	*Madagascar 4*, 2025	1.3
《TED演讲》	*TED Talks*, 2006	2.1
《普通一兵》	*Рядовой Александр Матросов*, 1948	2.2
《星际迷航》	*Star Trek*, 2009	2.2
《猜火车》	*Trainspotting*, 1996	2.3
《末路狂花》	*Thelma & Louise*, 1991	2.3
《查理与劳拉》	*Charlie and Lola*, 2005	2.5
《环太平洋》	*Pacific Rim*, 2013	3.1
《蓝色茉莉》	*Blue Jasmine*, 2013	4.1
《午夜巴黎》	*Midnight in Paris*, 2011	4.1
《赛末点》	*Match Point*, 2005	4.1
《阿拉丁》	*Aladdin*, 1992	4.2
《阿凡达》	*Avatar*, 2009	4.3
《行动目标希特勒》	*Valkyrie*, 2008	4.3
《面纱》	*The Painted Veil*, 2006	4.3
《本杰明·巴顿奇事》	*The Curious Case of Benjamin Button*, 2008	4.3
《战地春梦》	*A Farewell to Arms*, 1957	4.4
《特洛伊》	*Troy*, 2004	4.4
《指环王》	*The Lord of the Rings*, 2001	4.4

续表

中文译名	原版片名	章节
《风月俏佳人》	*Pretty Woman*, 1990	4.4
《猫鼠游戏》	*Catch Me If You Can*, 2002	4.4
《奔腾年代》	*Seabiscuit*, 2003	4.4

参考文献

[1] 埃文.翻译与情操[M].北京:中国对外翻译出版公司,2002.

[2] 包惠南.文化语境与语言翻译[M].北京:中国对外翻译出版公司,2001.

[3] 岑艳琳.影视配音翻译的成功策略探析——以《疯狂动物城》为例[J].电影评介,2020(20):34-36.

[4] 何恒幸.标题翻译的三种方法[J].天津外国语学院学报,2003,10(5):7-11.

[5] 江雨薇,张顺生.影视作品翻译策略探究——以电影《理智与情感》为例[J].上海理工大学学报(社会科学版),2024,46(03):206-210.

[6] 李敬科.文化翻译视域下影视字幕翻译的策略研究[J].甘肃广播电视大学学报,2019(4):44-46.

[7] 刘佳,李瑞雪.功能对等理论视角下影视字幕的翻译研究——以《风雨哈佛路》为例[J].长春大学学报,2023,33(11):59-65.

[8] 马建丽.现代译制片制作流程的利弊分析[J].现代传播,2013(11):151-152.

[9] 马建丽,欧梨成.2012—2015年中国译制片发展现状研究[J].现代传播,2016(7):10-14.

[10] 马建丽,徐轶瑛.中国影视译制业市场化进程及困境[J].理论界,2011(03):162-164.

[11] 马祖毅.中国翻译简史[M].北京:中国对外翻译出版公司,1998.

[12] 苗菊,侯强.视听翻译走向云端——何塞·迪亚兹-辛塔斯教授访谈录[J].中国翻译,2019(3):156-160.

[13] 钱绍昌.影视翻译——翻译园地中愈来愈重要的领域[J].中国翻译,2000(1):61-65.

[14] 武建国,李育静.多模态语境重构与中国影视文化的传播——以影片《我和我的祖国》字幕翻译为例[J].山东外语教学,2024,45(2):11-21.

[15] 严复.天演论·译例言[M].北京:商务印书馆,1986.

[16] 杨仕章,薛茜文.核心模态整合视角下的影视字幕翻译研究[J].外语电化教学,2023(3):58-66,121.

[17] 杨子玥,傅悦.基于CiteSpace的影视翻译研究综述[J].今古文创,2024(32):97-99,120.

[18] 余卫华,陈胜.模因论视角下的美国情景喜剧《老友记》的字幕翻译[J].外语电化教学,2019(2):75-81.

[19] 袁冰涛.大陆官方的电影字幕翻译人员是如何确定的[J].(2013-08-24)[2020-08-28].知乎网.

[20] 张阿林,曾哲琳.语料库模式下科技纪录片字幕翻译指瑕[J].中国科技翻译,2019(2):27-31.

[21] 张倩.声音的塑造力——影视剧人物配音创作初探[J].传播力研究,2019(25):75.

[22] 张伟.20世纪前期好莱坞影片的汉译传播[J].上海大学学报(社会科学版),2006(5):41-46.

[23] 张艺."译制片的变迁 从'译意风'到'字幕风'"[N/OL].新民晚报(2013-06-21)[2020-08-24].中国经济网.

[24] Abdallah, K. Quality Problems in AVT Production Networks: Reconstructing an Actor-network in the Subtitling Industry [M]// Adriana Şerban, Anna Matamala, Jean-Marc Lavaur. Audiovisual Translation in Close-up: Practical and Theoretical Approaches. 2nd unaltered edition. Bern: Peter Lang, 2012:173-186.

[25] Antonini, R. SAT, BLT, Spirit Biscuits, and the Third Amendment: What Italians Make of Cultural References in Dubbed Texts [M]// Yves Gambier, et al. Doubts and Directions in Translation Studies: Selected

contributions from the EST Congress. Amsterdam: John Benjamins, 2007: 153-167.

[26] Assis Rosa, A. Features of Oral and Written Communication in Subtitling [M]// Yves Gambier, Henrik Gottlieb. (Multi) Media Translation: Concepts, Practices, and Research. Amsterdam/ Philadelphia: John Benjamins, 2001: 213-221.

[27] Baker, M., Brano Hochel. Dubbing [M]// Mona Baker. Routledge Encyclopedia of Translation Studies. London: Routledge, 1998: 74-76.

[28] Bartoll, E. Parameters for the Classification of Subtitles [M]// Pilar Orero. Topics in Audiovisual Translation. Amsterdam/Philadelphia: John Benjamins, 2004: 53-60.

[29] Bartrina, F., Eva Espasa. Audiovisual Translation [M]// Martha Tennent. Training for the New Millennium: Pedagogies for Translation and Interpreting. Amsterdam/ Philadelphia: John Benjamins, 2005: 83-100.

[30] Bassnett, S. Ways through the Labyrinth: Strategies and Methods for Translating Theatre Texts [M]// Theo Hermans. The Manipulation of Literature: Studies in Literary Translation. London: Croom Helm, 1985: 87-102.

[31] Bassnett, S. Translation Studies[M]. 3rd edition. London: Routledge, 2002.

[32] Bassnett, S. Culture and Translation [M]// Piotr Kuhiwczak, Karin Littau. A Companion to Translation Studies. Clevedon: Multilingual Matters Ltd., 2007: 13-23.

[33] Bastin, G. Adaptation[M]// Mona Baker, Gabriela Saldanha. Routledge Encyclopedia of Translation Studies. 2nd edition. London/ New York: Routledge, 2009: 3-6.

[34] Bernal-Merino, M. On the Translation of Video Games[J]. Journal of

Specialized Translation, 2006 (6): 22-36 .

[35] Bernal-Merino, M. Translation and Localisation in Video Games: Making Entertainment Software Global [M]. London/New York: Routledge, 2015.

[36] Bogucki, Ł. Amateur Subtitling on the Internet [M]// Jorge Díaz-Cintas, Gunilla Anderman. Audiovisual Translation: Language Transfer on Screen. Basingstoke: Palgrave Macmillan, 2009: 49-57.

[37] Bogucki, Ł. Areas and Methods of Audiovisual Translation Research [M]. Frankfurt: Peter Lang GmbH, 2013.

[38] Bogucki, Ł., Jorge Díaz-Cintas. An Excursus on Audiovisual Translation [M]// Łukasz Bogucki, Mikołaj Deckert. The Palgrave Handbook of Audiovisual Translation and Media Accessibility. Cham, Switzerland: Palgrave Macmillan, 2020: 11-32.

[39] Bosseaux, C. Dubbing, Film and Performance: Uncanny Encounters [M]. Oxford: Peter Lang, 2015.

[40] Bruti, S., Serenella Zanotti. Representations of Stuttering in Subtitling: A view from a corpus of English language films [M]// Irene Ranzato, Serenella Zanotti. Linguistic and Cultural Representation in Audiovisual Translation. New York: Routledge, 2018: 228-262.

[41] Cattrysse, P. Multimedia & Translation: Methodological Considerations [M]// Yves Gambier, Henrik Gottlieb. (Multi) Media Translation: Concepts, Practices, and Research. Amsterdam/Philadelphia: John Benjamins, 2001: 1-12.

[42] Chaume, F. Synchronization in Dubbing: A translational approach [M]// Pilar Orero. Topics in Audiovisual Translation. Amsterdam/Philadelphia: John Benjamins, 2004: 35-52.

[43] Chaume, F. Audiovisual Translation Trends: Growing Diversity, Choice and Enhanced Localization [M]// Andrea Esser, Miguel

Angel, Bernal-Merino, Iain Robert Smith. Media Across Borders. London/New York: Routledge, 2016: 68-84.

[44] Chaume, F. Is Audiovisual Translation Putting the Concept of Translation up against the Ropes?[J]. The Journal of Specialised Translation, 2018 (30): 84-104.

[45] Chiaro, D. Where Have all the Varieties Gone? The Vicious Circle of the Disappearance Act in Screen Translation[M]// Irmeli Helin. Dialect for all Seasons: Cultural Diversity as Tool and Directive for Dialect Researchers and Translators. Nodus: Münster, 2008: 9-25.

[46] Deckert, M. Meaning in Subtitling: Toward a Contrastive Cognitive Semantic Model[M]. Frankfurt: Peter Lang GmbH, 2013.

[47] Delabastita, D. Translation and Mass-Communication: Film and TV Translation as Evidence of Cultural Dynamics[J]. Babel, 1989, 35 (4): 193-218.

[48] de Linde, Z., & Neil Kay. The Semiotics of Subtitling[M]. Manchester: St. Jerome, 1999.

[49] De Marco, M. Audiovisual Translation through a Gender Lens[M]. Amsterdam: Editions Rodopi B.V., 2012.

[50] Díaz-Cintas, J. Audiovisual Translation in the Third Millennium[M]// Gunilla Anderman, Margaret Rogers. Translation Today: Trends and Perspectives. Beijing: Foreign Language Teaching and Research Press, 2006: 199-200.

[51] Díaz-Cintas, J. Audiovisual Translation Comes of Age[M]// Delia Chiaro, Christine Heiss & Chiara Bucaria. Between Text and Image: Updating Research in Screen Translation. Amsterdam/Philadelphia: John Benjamins, 2008: 1-9.

[52] Díaz-Cintas, J. Introduction-Audiovisual Translation: An Overview of Its Potential[M]// Jorge Díaz-Cintas. New Trends in Audiovisual

Translation. Bristol: Multilingual Matters, 2009: 1-18.

[53] Díaz-Cintas, J., Aline Remael. Audiovisual Translation: Subtitling [M]. Manchester: St Jerome, 2007.

[54] Díaz-Cintas, J., Gunilla Anderman. Introduction [M]// Jorge Díaz-Cintas, Gunilla Anderman. Audiovisual Translation: Language Transfer on Screen. Basingstoke: Palgrave Macmillan, 2009: 1-17.

[55] Di Giovanni, E., Yves Gambier. Introduction[M]// Elena Di Giovanni, Yves Gambier. Reception Studies and Audiovisual Translation. Amsterdam/Philadelphia: John Benjamins, 2018: VII-XII.

[56] Dollerup, C. Basics of Translation Studies [M]. Shanghai: Shanghai Foreign Language Education Press, 2007.

[57] Dries, J. Dubbing and Subtitling: Guidelines for Production and Distribution [M]. Düsseldorf: The European Institute for the Media, 1995.

[58] Eugeni, C. A Professional' s Perspective [M]// Laura Incalcaterra McLoughlin, Marie Biscio, Máire Aine Ni Mhaínnín. Audiovisual Translation: Subtitles and Subtitling. Bern: Peter Lang AG, 2011: 265-271.

[59] Fawcett, P. Translating Film [M]// Geoffrey T. Harris. On Translating French Literature and Film. Amsterdam: Rodopi, 1996: 65-88.

[60] Fernández-Costale, A. On the Reception of Mobile Content: New Challenges in Audiovisual Translation Research [M]// Elena Di Giovanni, Yves Gambier. Reception Studies and Audiovisual Translation. Amsterdam/Philadelphia: John Benjamins, 2018: 297-320.

[61] Fumitoshi, K. Subtitling in Japan[M]// Gilbert C. F. Fong, Kenneth K. L. Au. Dubbing and Subtitling in a World Context. Hong Kong: The Chinese University Press, 2009: 23-26.

[62] Gambier, Y. Screen Transadaptation: Perception and Reception. The Translator[J]. Special issue. 2003, 9 (2): 171-189.

[63] Gambier, Y. Recent Developments and Challenges in Audiovisual Translation Research [M]// Delia Chiaro, Christine Heiss & Chiara Bucaria. Between Text and Image: Updating Research in Screen Translation. Amsterdam/Philadelphia: John Benjamins, 2008: 11-33.

[64] Gambier, Y. Translation Studies, Audiovisual Translation and Reception [M]// Elena Di Giovanni, Yves Gambier. Reception Studies and Audiovisual Translation. Amsterdam/Philadelphia: John Benjamins, 2018: 43-66.

[65] Gambier, Y., Henrik Gottlieb. (Multi) Media Translation: Concepts, Practices, and Research [M]. Amsterdam/Philadelphia: John Benjamins, 2001.

[66] Georgakopoulou, P. Subtitling for the DVD Industry [M]// Jorge Díaz-Cintas, Gunilla Anderman. Audiovisual Translation: Language Transfer on Screen. Basingstoke: Palgrave Macmillan, 2009: 21-35.

[67] González Davies, M. Multiple Voices in the Translation Classroom: Activities, tasks and projects [M]. Amsterdam/Philadelphia: John Benjamins, 2004.

[68] Gottlieb, H. Subtitling: A New University Discipline [M]// Cay Dollerup, Anne Loddegaard. Teaching Translation and Interpreting. Amsterdam: John Benjamins, 1992: 161-170.

[69] Gottlieb, H. Subtitles, Translation and Idioms [M]. Copenhagen: Center for Translation Studies, University of Copenhagen, 1997.

[70] Gottlieb, H. Subtitling [M]// Mona Baker. Routledge Encyclopedia of Translation Studies. Shanghai: Shanghai Foreign Language Education Press, 2005: 244-248.

[71] Gottlieb, H. Subtitling Against the Current: Danish Concepts, English

Minds[M]// Jorge Díaz-Cintas. New Trends in Audiovisual Translation. Bristol: Multilingual Matters, 2009: 21-43.

[72] Gouadec, D. Translation as a Profession[M]. Amsterdam/Philadelphia: John Benjamins, 2007.

[73] Hatim, B., Jeremy Munday. Translation: An Advanced Resource Book [M]. London/New York: Routledge, 2004.

[74] House, J. Acquiring Translational Competence in Interaction [M]// Juliane House, Shoshana Blum-Kulka. Interlingual and Intercultural Communication. Tübingen: Gunter Narr Verlag, 1986: 179-191.

[75] Hurtado de Mendoza Azaola, I. Translating Proper Names into Spanish: The Case of Forrest Gump [M]// Jorge Díaz-Cintas. New Trends in Audiovisual Translation. Bristol: Multilingual Matters, 2009: 70-82.

[76] Hutcheon, L. A Theory of Adaptation[M]. London/York: Routledge, 2006.

[77] Ivarsson, J. Subtitling for the Media: A Handbook of an Art [M]. Stockholm: Transedit, 1992.

[78] Ivarsson, J. The History of Subtitles in Europe [M]// Gilbert C. F. Fong, Kenneth K. L. Au. Dubbing and Subtitling in a World Context. Hong Kong: The Chinese University Press, 2009: 3-12.

[79] Ivarsson, J., Mary Carroll. Subtitling [M]. Simrishamn, Sweden: TransEdit HB, 1998.

[80] Jakobson, R. On Linguistic Aspects of Translation [M]// Lawrence Venuti. The Translation Studies Reader. London/New York: Routledge, 1959/2000: 113-118.

[81] Jankowska, A. 'I do what I like, and I don't have to go to work every day': The Status Quo of Audiovisual Translators in Poland[M]// Silvia Bruti, Elena Di Giovanni. Audiovisual Translation across Europe: An Ever-changing Landscape. Bern: Peter Lang, 2012: 35-58.

[82] Kapsaskis, D. Professional Identity and Training of Translators in the Context of Globalisation: The example of subtitling[J]. The Journal of Specialised Translation, 2011 (16): 162-184.

[83] Karamitroglou, F. Towards a Methodology for the Investigation of Norms in Audiovisual Translation [M]. Amsterdam/Atlanta: Rodopi, 2000.

[84] Katan, D. Uncertainty in the Translation Professions: A Time to Transcreate? [J]. Cultus, The Journal of Intercultural Mediation and Communication, 2014 (7): 10-19.

[85] Kayahara, M. The Digital Revolution: DVD Technology and the Possibilities for Audiovisual Translation Studies [J]. The Journal of Specialised Translation, 2005 (3): 64-74.

[86] Kuo, A. S. Professional Realities of the Subtitling Industry: The Subtitlers' Perspective [M]// Rocío Baños Piñero, Jorge Díaz-Cintas. Audiovisual Translation in a Global Context: Mapping an Ever-changing Landscape. Basingstoke: Palgrave Macmillan, 2015: 163-191.

[87] Luyken, G. M., et al. Overcoming Language Barriers in Television [M]. Manchester: The European Institute for the Media, 1991.

[88] Mangiron, C., Minako O' Hagan. Game Localisation: Unleashing Imagination with 'Restricted' Translation[J]. The Journal of Specialsed Translation, 2006 (6): 10-21.

[89] Martinez, X. Film Dubbing, Its Process and Translation [M]// Pilar Orero. Topics in Audiovisual Translation. Amsterdam/Philadelphia: John Benjamins, 2004: 3-7.

[90] Matamala, A. Interview with Freelance Audiovisual Translator[J]. The Journal of Specialised Translation, 2005 (4): 45-48.

[91] Matamala, A., Pilar Orero. Audiovisual Translation: When Modalities Merge[J]. Perspectives: Studies in Translatology, 2013 (21): 2-4.

[92] Mayoral, R., Dorothy Kelly, Natividad Gallardo. Concept of Constrained Translation. Non-linguistic Perspectives of Translation[J]. Meta, 1988, 33 (3): 356-367.

[93] Mendes, R. Dubbing Directors and Dubbing Actors: Co-authors of Translation for Dubbing[M]// Rocío Baños Piñero, Jorge Díaz-Cintas. Audiovisual Translation in a Global Context: Mapping an Ever-changing Landscape. Basingstoke: Palgrave Macmillan, 2015: 253-265.

[94] Munday, J. Introducing Translation Studies: Theories and Applications [M]. London/New York: Routledge, 2001.

[95] Munday, J. 翻译学导论——理论与实践[M]. 北京:商务印书馆, 2007.

[96] Myers, L. The Art of Dubbing[J]. Filmmakers Newsletter, 1973 (6): 56-58.

[97] Nabokov, V. Problems of Translation: "Onegin" in English [M]// Lawrence Venuti. The Translation Studies Reader. London/New York: Routledge, 2000: 71-83.

[98] Neves, J. Audiovisual Translation: Subtitling for the Deaf and Hard-of-hearing[D]. PhD Thesis. University of Roehampton, 2005.

[99] Neves, J. 10 Fallacies about Subtitling for the d/Deaf and the Hard of Hearing[J]. Journal of Specialised Translation, 2008 (10): 128-143.

[100] Neves, J. Interlingual Subtitling for the Deaf and Hard-of-hearing [M]// Jorge Díaz-Cintas, Gunilla Anderman. Audiovisual Translation: Language Transfer on Screen. Basingstoke: Palgrave Macmillan, 2009: 151-169.

[101] Newmark, P. A Textbook of Translation [M]. Shanghai: Shanghai Foreign Language Education Press, 2005.

[102] Nida, E.A. Toward a Science of Translating[M]. Shanghai: Shanghai Foreign Language Education Press, 2004.

[103] Nida, E.A. Theories of Translation[J].外国语, 1989 (6) : 4-10, 74.

[104] Nida, E.A., Charles R. Taber. The Theory and Practice of Translation [M]. Leiden, Netherlands: E. J. Brill, 1982.

[105] Nikolič, K. The subtitling profession in Croatia [M]// Jorge Díaz-Cintas, Anna Matamala, Josélia Neves. New Insights into Audiovisual Translation and Media Accessibility: Media for All 2. Amsterdam: Editions Rodopi B.V., 2010: 99-108.

[106] Nord, C. Translation as a Purposeful Activity: Functionalist Approaches Explained[M]. Manchester: St. Jerome, 1997.

[107] Nord, C. What Do We Know about the Target-text Receiver? [M]// Allison Beeby, Doris Ensinger, Marisa Presas. Investigating Translation. Amsterdam/Philadelphia: John Benjamins, 2000: 195-212.

[108] O' Connell, E. Choices and Constraints in Screen Translation [M]// Lynne Bowker, Michael Cronin, Dorothy Kenny, Jennifer Pearson. Unity in Diversity? Current Trends in Translation Studies. Beijing: Foreign Language Teaching and Research Press, 2008: 65-75.

[109] O' Connell, E. What Dubbers of Children' s Television Programmes Can Learn from Translators of Children' s Books? [J]. Meta, 2003, 48 (1-2): 222-232.

[110] O' Connell, E. Screen Translation [M]// Piotr Kuhiwczak, Karin Littau. A Companion to Translation Studies. Clevedon: Multilingual Matters Ltd, 2007: 120-133.

[111] O' Hagan, M. Impact of DVD on Translation: Language Options as an Essential Add-on Feature [J]. Convergence, 2007, 13 (2): 157-168.

[112] Orero, P. Topics in Audiovisual Translation [M]. Amsterdam/Philadelphia: John Benjamins, 2004.

[113] Orrego-Carmona, D. New audiences, international distribution, and translation [M]// Elena Di Giovanni, Yves Gambier. Reception Studies and Audiovisual Translation. Amsterdam/Philadelphia: John Benjamins, 2018: 321-342.

[114] Pagano, A., et al. Approaching Expertise in Subtitling: A Pilot Experiment [M]// Adriana Şerban, Anna Matamala & Jean-Marc Lavaur. Audiovisual Translation in Close-up: Practical and Theoretical Approaches. 2nd unaltered edition. Bern: Peter Lang, 2012: 133-160.

[115] Patou-Patucchi, S. I Translate, You Adapt, They Dub [M]// Gilbert C. F. Fong, Kenneth K. L. Au. Dubbing and Subtitling in a World Context. Hong Kong: The Chinese University of Hong Kong, 2009: 139-148.

[116] Pavesi, M., Elisa Perego. Profiling Film Translators in Italy: A Preliminary Analysis[J]. The Journal of Specialised Translation, 2006 (6): 99-114.

[117] Pedersen, J. Audiovisual Translation-in General and in Scandinavia [J]. Perspectives: Studies in Translatology, 2010, 18 (1): 1-22.

[118] Perego, E., Ralph Pacinotti. Audiovisual Translation through the Ages [M]// Łukasz Bogucki, Mikołaj Deckert. The Palgrave Handbook of Audiovisual Translation and Media Accessibility. Cham, Switzerland: Palgrave Macmillan, 2020: 33-56.

[119] Pérez-González, L. Audiovisual Translation [M]// Mona Baker, Gabriela Saldanha. Routledge Encyclopedia of Translation Studies. 2nd edition. London/ New York: Routledge, 2009.

[120] Pérez-González, L. Audiovisual Translation: Theories, Methods and Issues[M]. New York: Routledge, 2014.

[121] Perkins, C., Constantine Verevis. Transnational Television Remakes [J]. Continuum: Journal of Media & Cultural Studies, 2015, 29 (5), 677-683.

[122] Pettit, Z. Connecting Cultures: Cultural Transfer in Subtitling and Dubbing [M]// Jorge Díaz-Cintas. New Trends in Audiovisual Translation. Bristol: Multilingual Matters, 2009: 44-57.

[123] Pöchhacker, F. Media Interpreting: From user expectations to audience comprehension [M]// Elena Di Giovanni, Yves Gambier. Reception Studies and Audiovisual Translation. Amsterdam/Philadelphia: John Benjamins, 2018: 253-276.

[124] Qian, Shaochang. Screen Translation in Mainland China[M]// Gilbert C. F. Fong, Kenneth K. L. Au. Dubbing and Subtitling in a World Context. Hong Kong: The Chinese University Press, 2009: 13-22.

[125] Reid, H. Subtitling: The Intelligent Solution [M]// Paul A. Horguelin. Translating, a Profession: Proceedings of the 8th World Congress of the International Federation of Translators. Ottawa: Council of Translators and Interpreters of Ottawa, 1978: 420-428.

[126] Reid, H. The Translator on the Screen[M]// Andrzej Kopczynski, et al. The Mission of the Translator Today and Tomorrow: Proceedings of the 9th World Congress of the International Federation of Translators. Warsaw: Polska Agencja Interpress, 1983: 357-359.

[127] Reiss, K. Text-type, Translation Types and Translation Assessment

[M]// Andrew Chesterman. Readings in Translation Theory. Finland：Oy Finn Lectura Ab，1989：105-115.

[128] Reiss，K. Translation Criticism：The Potentials and Limitations[M]. Shanghai：Shanghai Foreign Language Education Press，2004.

[129] Remael，A. Some Thoughts on the Study of Multimodal and Multimedia Translation[M]// Yves Gambier，Henrik Gottlieb.（Multi）Media Translation：Concepts，Practices，and Research. Amsterdam/Philadelphia：John Benjamins，2001：13-22.

[130] Sanchez，N. Subtitling in the Era of the Blu-ray[M]// Rocío Baños Piñero，Jorge Díaz-Cintas Audiovisual Translation in a Global Context：Mapping an Ever-changing Landscape. Basingstoke：Palgrave Macmillan，2015：140-148.

[131] Sarrión，S. C. Transfer Norms for Film Adaptations in the Spanish-German Context [M]// Jorge Díaz-Cintas，Gunilla Anderman. Audiovisual Translation：Language Transfer on Screen. Basingstoke：Palgrave Macmillan，2009：115-129.

[132] Schleiermacher，F. From On the Different Methods of Translating [M]// Rainer Schulte，John Biguenet. Theories of Translation：An Anthology of Essays from Dryden to Derrida. Chicago/London：University of Chicago Press，1992：36-54.

[133] Şerban，A.，Anna Matamala，Jean-Marc Lavaur. Introduction—Audiovisual translation：The Challenge of Walking the Way [M]// Adriana Şerban，Anna Matamala & Jean-Marc Lavaur. Audiovisual Translation in Close-up：Practical and Theoretical Approaches. 2nd unaltered edition. Bern：Peter Lang，2012：11-19.

[134] Shuttleworth，M.，Moira Cowie. Dictionary of Translation Studies [M]. Manchester：St. Jerome，1997.

[135] Shuttleworth, M., Moira Cowie. Dictionary of Translation Studies [M]. Shanghai: Shanghai Foreign Language Education Press, 2004.

[136] Shuttleworth, M., Moira Cowie. 翻译研究词典[M]. 谭载喜,译. 北京:外语教学与研究出版社,2005.

[137] Skuggevik, E. Teaching Screen Translation: The Role of Pragmatics in Subtitling[M]// Jorge Díaz-Cintas, Gunilla Anderman. Audiovisual Translation: Language Transfer on Screen. Basingstoke: Palgrave Macmillan, 2009: 197-213.

[138] Skuggevik, E. Typological Threesome: Subtitling, Interpretation and Voice-over. A Study of Symbiotic Translation Types [M]// Łukasz Bogucki, Krzysztof Kredens. Perspectives on Audiovisual Translation. Frankfurt: Peter Lang GmbH, 2010: 13-25.

[139] Snell-Hornby, M. The Turns of Translation Studies: New Paradigms or Shifting Viewpoints? [M] Amsterdam/Philadelphia: John Benjamins, 2006.

[140] Sokoli, S. Subtitling Norms in Greece and Spain [M]// Jorge Díaz-Cintas, Gunilla Anderman Audiovisual Translation: Language Transfer on Screen. Basingstoke: Palgrave Macmillan, 2009: 36-47.

[141] Szarkowska, A. Accessibility to the Media by Hearing Impaired Audiences in Poland: Problems, Paradoxes, Perspectives[M]// Jorge Díaz-Cintas, Anna Matamala, Josélia Neves. New Insights into Audiovisual Translation and Media Accessibility: Media for All 2. Amsterdam: Editions Rodopi B.V., 2010: 139-158.

[142] Titford, C. Subtitling: Constrained Translation [J]. Lebende Sprachen, 1982, 27 (3): 113-116.

[143] Tomaszkiewicz, T. Les Opérations Linguistiques qui Sous-tendent le Processus de Sous-titrage des Films[M]. Poznan: Adam Mickiewicz

University Press, 1993.

[144] Toury, G. Descriptive Translation Studies and Beyond[M]. Shanghai: Shanghai Foreign Language Education Press, 2001.

[145] Tveit, J.E. Dubbing versus Subtitling: Old Battleground Revisited [M]// Jorge Díaz-Cintas, Gunilla Anderman. Audiovisual Translation: Language Transfer on Screen. Basingstoke: Palgrave Macmillan, 2009: 85-96.

[146] Veiga, M.J. Subtitling Reading Practices[M]// João Ferreira Duarte, Alexandra Assis Rosa & Teresa Seruya. Translation Studies at the Interface of Disciplines. Amsterdam: John Benjamins, 2006: 161-168.

[147] Venuti, L. The Translator's Invisibility[M]. London: Routledge, 1995.

[148] Vinay, J.P., Jean Darbelnet. A Methodology for Translation [M]// Lawrence Venuti. The Translation Studies Reader. Translated by Juan C. Sager, Marie-Josée Hamel. London/New York: Routledge, 2000: 84-93.

[149] Wehn, K. About Remakes, Dubbing and Morphing: Some Comments on Visual Transformation Processes and their Relevance for Translation Theory [M]// Yves Gambier, Henrik Gottlieb. (Multi) Media Translation: Concepts, Practices, and Research. Amsterdam/ Philadelphia: John Benjamins, 2001.

[150] Whitman-Linsen, C. Through the Dubbing Glass: The Synchronization of American Motion Pictures into German, French and Spanish[M]. Frankfurt: Peter Lang, 1992.

[151] Williams, J., Andrew Chesterman. The Map: A Beginner's Guide to Doing Research in Translation Studies [M]. Shanghai: Shanghai

Foreign Language Education Press, 2004.

[152] Zabalbeascoa, P. Dubbing and the Nonverbal Dimension of Translation [M]// Fernando Poyatos. Nonverbal Communication and Translation: New Perspectives and Challenges in Literature, Interpretation and the Media. Amsterdam/Philadelphia: John Benjamins, 1997: 327-342.

[153] Zanotti, S., Irene Ranzato. Intersections: Audiovisual Translation at the Crossroads of Disciplines[J]. Perspectives, 2019 (27): 173-181.

[154] Zárate, S. Bridging the Gap between Deaf Studies and AVT for Deaf Children [M]// Jorge Díaz-Cintas, Anna Matamala, Josélia Neves. New Insights into Audiovisual Translation and Media Accessibility: Media for All 2. Amsterdam: Editions Rodopi B.V., 2010: 159-174.